Wolfram Martin

Jagen mit dem Teckel

Wolfram Martin

Jagen mit dem Teckel

Erwerb, Ausbildung, Haltung und Führung

Mit 37 Abbildungen, davon 15 farbig,
und zwei Darstellungen

1993

Verlag Paul Parey · Hamburg und Berlin

Bildnachweis

Frontispiz und Seite 67 nach Aquarellen von Willi Schütz, Siegen.
Seite 14 sämtlich Burkhard Winsmann-Steins, Hoyershausen
Seite 58 Edmund Bickel, München
Seite 78 Klaus Schendel, Wedemark 1

Alle übrigen Abbildungen stammen vom Verfasser.

CIP-Kurztitelaufnahme der Deutschen Bibliothek

Martin, Wolfram:
Jagen mit dem Teckel : Erwerb, Ausbildung, Haltung und Führung / Wolfram Martin. – Hamburg ; Berlin : Parey, 1993
ISBN 3-490-22112-5

 Anschriften: Spitalerstr. 12, Hamburg 1; Seelbuschring 9–17, Berlin 42.
Printed in Germany.
Satz und Druck: Druckerei Wilhelm Carstens OHG, Schneverdingen.
Buchbinderei: Hunke & Schröder, Iserlohn.
Umschlaggestaltung: Jürgen Meyer, Hamburg, unter Verwendung von vier Farbfotos von B. Winsmann-Steins, Hoyershausen.

ISBN 3-490-22112-5

Vorwort

Mit dem vorliegenden Buch von Wolfram Martin setzt der Verlag Paul Parey eine Tradition der Jagdkynologie fort, die vor nunmehr 25 Jahren begann mit dem fast zum Klassiker gewordenen Buch von Hans Lux, Der Jagdteckel, das in 5 Auflagen erschien. Nach dem viel zu frühen Tod von Hans Lux ist es zu begrüßen, daß dem am Teckel interessierten Jäger nun wieder ein qualifizierter Leitfaden zur Verfügung gestellt wird, zumal durch die Wiedervereinigung und das Zusammenführen der Teckelverbände Ost und West ein gewisser Bedarf an ‚die Prüfungsordnung begleitender' Literatur zu erkennen ist.

‚Jagen mit dem Teckel' ist mehr als ein Leitfaden für die Teckelhaltung und -führung. In gut lesbarer, flotter und teilweise unterhaltsamer, immer aber sachlicher und nie schulmeisterlicher Form animiert der Autor den – zukünftigen – Teckelführer zur Nachahmung, insbesondere der Frühstausbildung, die dem Teckel „... ein Höchstmaß an Freiheit bei einem Mindestmaß an Zwang und Unterordnung ein Maximum an Erziehung zukommen lassen will".

Wohltuend ist ferner, daß der Autor bei aller Liebe zum Teckel den sonst häufig erkennbaren Rassenfanatismus nicht aufkommen läßt. Im Gegenteil: Mit einem Hang zum Understatement wünscht Martin den Platz des Teckels im Jagdgebrauchshundwesen zu festigen, ohne in Konkurrenz zu anderen Rassen (Schweißhunde, Wachtel, Terrier) zu treten oder den kleinen Waldgebrauchshund zu überschätzen.

Wolfram Martin ist Vorsitzender einer Teckelgruppe und Gebrauchsrichter im DTK, kein Wunder also, daß er, oft mit den Problemen der Basis konfrontiert, stets um Ausgleich und Verständnis bemüht, dem ‚Umgang mit Nichtjägern' ein eigenes Unterkapitel gewidmet hat. Dem Buch ist die Verbreitung zu wünschen, die dem Teckel, Dackel oder Dachshund als kleinstem Jagdhund selbst bereits widerfahren ist.

Hamburg, im Frühjahr 1993

Rolf Kröger
WILD UND HUND-Redaktion

Inhalt

Einführung

Ob man es wahrhaben will oder nicht, noch ist der Teckel, Dackel oder Dachshund, je nach Gusto mag man ihn nennen wie man will, ein Jagdhund. Und nicht der schlechteste.

Zuhauf gibt es Bücher über diesen lustigen, sympathischen, manchmal auch eigenwilligen Hausgenossen. Die Palette reicht von der Erziehung und Pflege über die Ausbildung und Abrichtung (was für ein Wort!) bis zur Prüfung und praktischen Jagd.

In meiner Eigenschaft als Gebrauchsrichter des Deutschen Teckelklub e. V. (DTK), aber auch als Vorsitzender einer kleinen Teckelgruppe und somit verantwortlich für die Betreuung, Aus- und Weiterbildung von engagierten ‚Teckelanern' und Beratung von Dackelinteressenten, stoße ich immer wieder auf das Phänomen, daß viele Jung- und Erstlingsführer, Jungjägeranwärter und gestandene Teilnehmer an sogenannten Führerkursen mit der vorhandenen, umfangreichen Fachliteratur nicht oder nur schwer zurechtkommen. Immer wieder wird nach einem kurzen, klaren, leicht verständlichen, die Prüfungsordnung begleitenden und erläuternden Leitfaden gefragt. Als solchen will ich dies Büchlein verstanden wissen. Es soll, so mein innigster Wunsch, nicht gelesen werden und dann im Bücherregal verstauben, nein, es soll Begleiter eines aktiven Jägerlebens sein im Rucksack, eingeschoben in die Beintasche einer Drillichhose oder eingezwängt neben Prüfungsordnung und Butterstullen in der Jagdtasche, und so den Eleven, Jäger und Teckelführer begleiten und beraten.

Und noch eines erscheint mir wichtig und notwendig (will man den Teckel als Jagdhund fördern und erhalten): Nicht die Züchter, überwiegend Schönheitszüchter, Liebhaber und Gassigänger, sondern die Jäger sind gefordert und aufgerufen, den Dackel, wenn sie ihn als Jagdhund ansehen und erwerben wollen, auch als solchen ernst zu nehmen. Dies bedeutet, ihn nicht als Kläffer, Sofalieger und Schwanzwedler verkommen zu lassen, sondern ihn zur Jagd auszubilden, seine jagdlichen Anlagen zu wecken und zu fördern, seinen Gehorsam zu festigen, seine Leistungen zu steigern – dem Hund, der Rasse, aber auch dem Jäger zur Freude und Befriedigung. Auch hierzu will dieses Buch Hilfe, Anregung und Leitfaden sein.

Jagen mit dem Teckel ist dies Buch betitelt. Also gehört es in die Hand von Jägern, Jungjägern und Jungjägeranwärtern, die sich mit dem Gedanken tragen, einen Jagdhund anzuschaffen. Für sie, ganz speziell für sie habe ich mich an die Schreibmaschine gesetzt und meine Erfahrungen – Erfolge und Mißerfolge – zusammengetragen, damit sie möglichst schnell einen brauchbaren

Hund zur Hand haben. Möglichst schnell in dem Sinne, als das Hundeleben für uns Menschen viel zu kurz ist. Zehn, maximal 15 Jahre begleitet uns der kleine Waidgesell, davon die Welpen- und Greisenzeit abgezogen, verbleibt gerade noch eine Pachtperiode, um mit ihm zu jagen. Nutzen wir die Zeit! Deshalb schon hier der Hinweis, daß das Kapitel Frühsterziehung eines der wichtigsten des Buches ist.

Aber noch einer Gruppe von Jägern sei dieses Buch empfohlen: All den Nörglern, Maulern, Miesepetern, die es immer dann reichlich gibt, wenn eine Nachsuche nicht zum Ziel führte, wenn eine Waldtreibjagd nicht den erhofften Erfolg zeigte. All denen, die merkwürdigerweise keinen Hund führen, die sich aber auf allen Gebieten des Jagdgebrauchshundewesens bestens auszukennen glauben, ja, auch denen sei dies Buch empfohlen, damit Einkehr, Selbsteinschätzung, Bescheidenheit einerseits, und nur ein wenig Achtung, Beachtung und Respekt dem Hundeführer gegenüber den Stil des jagdlichen Miteinander prägen möge ...

All das, was uns auf dem Weg zum brauchbaren Dachshund behindert, belästigt, ablenkt oder verwirrt, lassen wir links und rechts liegen, es sei nur angedeutet und im Anhang hingewiesen auf entsprechende Literatur; wie ein guter Schweißteckel, jede Verleitung ignorierend, jede Ablenkung meisternd, wollen wir zielgerichtet, konzentriert, mit Finderwillen und Fährtensicherheit der roten Leitlinie folgend, zum Ziel – zum Stück gelangen. Folgen Sie mir ...

Der Teckel als Jagdhund

Der Hund des Waldjägers

Jagd ohne Hund ist Schund – haben wohl fast alle Jäger während ihrer Ausbildung gelernt und geglaubt. Ich auch. Es hat lange gedauert, bis ich dahinterkam, daß das Jagen mit unbrauchbarem Hund wirklicher Schund ist, aber man kann durchaus ohne Hund jagen.

Allerdings schreibt der Gesetzgeber in einigen Fällen brauchbare Hunde vor, wie zum Beispiel zur Wasserjagd und zur Nachsuche. Das Jagen mit brauchbarem oder gar gutem bis sehr gutem Hund macht die Jagd erst zur Freude, beglückt und bereichert Mensch und Jäger gleichermaßen. Die Frage kann nicht lauten: Jagdhund ja oder nein? Die Aussage soll und muß lauten: Wenn Jagdhund, dann ausgebildet und brauchbar, sonst wird das Leben des Hundes wie des Jägers zur Qual.

Untersucht man im Bekanntenkreis einmal, warum der eine oder andere sich mit einem unbrauchbaren Hund abquält, stellt man häufig – nicht immer – fest, daß er den verkehrten Hund an der Leine oder im Zwinger hat. ‚Verkehrt' heißt in den meisten Fällen, der Hund entspricht nicht den häuslichen, beruflichen und jagdlichen Gegebenheiten. Selten passen Hund und Herr charakterlich oder im Wesen nicht zueinander. Doch soll dies vorkommen.

Bei der Anschaffung eines Jagdhundes lassen sich viele Jäger von Gefühlen leiten, d. h., sie suchen sich den Hund, die Rasse nach Geschmack und Neigung aus und vernachlässigen dabei, ob der Hund einer bestimmten Rasse – und Größe – zu ihrem häuslichen Umfeld und – wichtig! – zu ihren jagdlichen Aktivitäten paßt.

Der Wattjäger wird einen wasserfreudigen Vorsteh- oder Apportierhund bevorzugen; der klassische Bergjäger neigt zur Bracke oder zum Bayerischen Gebirgsschweißhund; dem Flugwildjäger mit reiner Feldjagd wird man nur einen Feld- und Hühnerspezialisten deutscher oder englischer Herkunft empfehlen können. Und wie sieht es mit dem Mittelgebirgsjäger, dem Heidejäger, dem Pächter, Eigenjagdbesitzer, Förster, Jagdaufseher, Gelegenheits- und, ja auch dem Sonntagsjäger aus, der im Wald und Forst, Knick und Kussel, Strauch und Strupp, Feldgehölz und Flußaue, mal hier mal dort, mal heut' mal morgen jagt?

Wenn wir uns dem Dackel als Jagdhund, dem Jagdteckel nähern, erscheint es sinnvoll, einmal zu untersuchen, welche Jagdarten für jeden Jäger persönlich in seinem Revier oder jagdlichem Umfeld (denn jeder Jäger muß nicht unbedingt ein Revier sein eigen nennen) in Frage kommen. Die für den ‚typischen deutschen Jäger‘ (dies ist nicht negativ gemeint, sondern soll heißen, daß sich für das deutsche Reviersystem ganz bestimmte Jagdarten und Eigentümlichkeiten herausgebildet haben) häufigste Jagdart sind die Pürsch und der Ansitz, und somit sprechen wir beim Hund von Pürsch- und Ansitz- (oder Jagd-)begleiter. Ferner die Feld- oder Waldtreibjagd, die Suche im Feld mit dem Vorstehhund und, das Gegenstück im Wald, das Stöbern oder Brackieren auf Fuchs und Hase, dann die Wasserjagd am See, Bach- oder Flußufer, die Nachsuche, besonders die Schweißarbeit auf krankgeschossenes Schalenwild und die Raubwildjagd über und unter der Erde. Dazu kommt noch das Buschieren unter der Flinte am Damm oder Knick, meistens auf Kaninchen, selten auf Hase und Fasan.

Jetzt mag jeder für sich entscheiden, welche Jagd und Jagdart ihm liegt oder auf ihn zukommt. Wer einen Spezialisten am Wasser, als Apportierer oder zur Nachsuche bevorzugt, mag dies tun. Jedoch sollte er dabei bedenken, daß Spezialistentum einerseits eine Beschränkung darstellt, andererseits sich nur entfalten und zu wahrer Größe wachsen kann, wenn auch der Jäger, der Hundeführer kompromißlos für sein Spezialgebiet eintritt.

Wer zu einem ‚klassischen‘ Vollgebrauchshund tendiert, sollte berücksichtigen, daß diese Hunde, so ‚schön‘ sie auch sind, so verlockend jägerisch sie sich ausnehmen, ein Höchstmaß an Arbeit, sprich jagdlichem Einsatz beanspruchen. Demgemäß liegen sie zwangsläufig viele Stunden und Tage im Auto oder Zwinger – leider.

Bleiben die Stöberhunde – Wachtel, Terrier – und die Bracken. Brackiert wird heute aufgrund der kleinen Reviere bei uns fast überhaupt nicht mehr, die Bracken werden eingesetzt als reine Nachsuchenspezialisten oder Stöberhunde. Terrier und Dackel haben gegenüber den Stöberhunden den Vorteil, daß mit ihnen eine Jagdart zusätzlich, nämlich die Baujagd, ausgeübt werden kann. Dafür sind sie zum Apportieren weniger geeignet als zum Beispiel Spaniel oder Wachtel.

Dackel oder Terrier – gemeint sind hier nur der Deutsche Jagdterrier, Jack Russell und Foxterrier – ist oft eine Frage des Geschmacks und des Temperaments. Eingedenk des Wesens des Deutschen Jagdterriers behaupte ich, daß dieser Hund vordringlich in die Hände von Berufsjägern, Meuteführern und Förstern mit Möglichkeit auf Saudrückjagden gehört. Schärfe und Temperament dieses durchaus liebenswerten Hundes bedürfen einer umsichtig steuernden Hand. Also: Als vielseitiger, leichtführiger kleiner Hund für den Waldjäger bleibt übrig der Dackel, trotz all seiner Nachteile aufgrund geringer Körpergröße. Aber diese hat auch Vorteile, die die Nachteile bei weitem ausgleichen. Der entscheidende Vorteil ist, daß dieser kleine Gebrauchshund *immer* dabeisein kann: Er paßt in jedes Auto und in jede Ansitzkanzel; er hat fast auf allen Hochsitzen Platz und behindert selbst auf Reisen (Jagdreisen) kaum; in der Wohnung ist er problemlos zu halten. Bis aufs Apportieren stärkeren Wildes ist er für fast alle jagdlichen Eventualitäten gerüstet oder läßt sich dazu ausbilden: Er ist spurlaut und somit ein idealer Stöberhund; aufgrund seiner guten Nase und geringen Höhe ist er gut geeignet zum Nachsuchen; er jagt den Fuchs unter der Erde und den Marder aus dem Stadel, wie es sich für einen Bauhund gehört; seine Leichtführigkeit und Anhänglichkeit prädestinieren ihn als angenehmen Pürsch- und Jagdbegleiter; und ist er kräftig genug, apportiert er auch Eichelhäher, Krähe, Kaninchen und holt sogar den Erpel aus dem Fließwasser. Was will man mehr?

Die Haararten

Da es die Rasse Teckel in drei verschiedenen Haararten – Kurz-, Lang- und Rauhhaar – und in ebenfalls drei Schlägen (Größen) gibt, nämlich Normalschlag, Zwerg- und Kaninchenteckel, hat der Jäger die Qual der Wahl – sollte man meinen. Tatsächlich ist es jedoch so, daß man sich bezüglich der Haarart vorrangig vom Geschmack leiten läßt. Auf die Größe komme ich später zu sprechen.

Der *Kurzhaarteckel* ist die Urform, der Urvater des Dackels schlechthin. In den Farben Schwarz, Schwarzrot oder Braun verkörpert er den alten Försterdackel und ist auf unzähligen Abbildungen zu sehen. Heute ist er selten geworden, und daran sind weniger die Züchter schuld, sondern die allgemeine Geschmacksrichtung hat sich geändert. Schaut man sich die Köpfe der Kurzhaarigen an, fällt auf, daß hier eine gehörige Portion Brackenblut pulst. Und in der Tat ist der Kurzhaarteckel, trotz mancher züchterischer Abwege, immer noch ein guter Jagdhund. Auf eines jedoch hat der den Kurzhaar bevorzugende Jäger bei der Auswahl zu achten, das Haar. Dies ist in den letzten Jahren in manchen Linien immer feiner, seidiger und ‚eleganter' geworden, auf Kosten des guten alten, wetterfesten, mit guter Unterwolle versehenen Stockhaares, wie man es häufig bei ‚kurz gebliebenem' Rauhhaar findet. Die Elterntiere anschauen und anfühlen! Im Jahre 1991 gab es im DTK von insgesamt fast 16555 Stammbucheintragungen nur 892 von Kurzhaar.

Der *Rauhhaarteckel* avancierte zum beliebtesten Teckel überhaupt, erschloß der Teckelzucht völlig neue Wege und führte den DTK in nie erhoffte Höhen. 11216 Stammbucheintragungen allein 1990, 1991 waren es sogar 12049, Tendenz also noch steigend! Auch in der Jägerschaft verdrängte der Rauhbautz die beiden anderen Haararten. Doch auch der Rauhhaar hat seine Geschichte, und die ist nicht ganz ohne Probleme. Aufgebaut auf dem Kurzhaarteckel und verschiedenen Terrierrassen, schlägt heute immer noch und immer wieder das für die Jagd völlig unbrauchbare weiche ‚Dandie-Dinmont-Haar' durch und – seltener – das stumme, scharfe, englische Terrierblut mit ungenügender Nase.

Da der Rauhhaarteckel aufgrund seiner Beliebtheit nicht nur vom ‚jagdlichen Lager' gezüchtet wird, von den oben genannten Stammbucheintragungen kamen 1990 nur 204 Hunde ins Gebrauchsteckelstammbuch (!), kann man dem Rauhhaar liebenden Jäger nur raten, bei der Welpenauswahl

Der Ur-Dackel, der Kurzhaarteckel

Der beliebteste Teckel in Jägerhand: Der Rauhhaarteckel

Der Schönste und Eleganteste: Der Langhaarteckel

äußerst wachsam zu sein, um kein ‚taubes Ei' heimzuführen. Aus diesem Grunde ist dem wichtigen Aspekt Welpenkauf ein eigenes Kapitel gewidmet. Die Farbe des Rauhhaarteckels ist – fast – so vielfältig wie die Jagd: Von hell-, mittel- bis dunkelsaufarben, schwarz, schwarzrot, dürrlaubfarben und braun reicht die Palette.

Der *Langhaarteckel* ist der ‚schönste' und eleganteste Teckel überhaupt, was nicht unbedingt seine jagdlichen Anlagen gefördert hat, denn besonders diese Art hatte der Schönheitszucht manchen Tribut zu zollen. Wesensstärke, ‚Schärfe', Passion bleiben als erstes auf der Strecke, wenn nur auf Schönheit gezüchtet wird. Der Langhaar wurde ja nicht durch Terrierblut ‚aufgewertet' wie der Rauhhaar, ist vielleicht schon von Haus aus weniger raubwildhart – die Schönheitszucht tat ein übriges. Doch oft tut man als Jäger diesem ‚Schönling' unrecht: Schaut man ihn sich genau an, stellt man fest, daß in seinen Adern edelstes und bestes Wachtelblut fließt, und viele Jäger schwören darauf, daß es in den Waldfächern (Spurlaut, Gehorsam, Nase) in der Teckelzucht nichts Vergleichbares gibt – entsprechende Führung und Herkunft vorausgesetzt! Und wirklich, auf Schweißprüfungen habe ich hervorragende Langhaarteckel gesehen, groß und kräftig, Leistung und Schönheit in vollendeter Harmonie! Als Rauhhaarmann hätte ich schwach werden können. Wie traurig, von 3614 Stammbucheintragungen kamen 1991 nur 31 ins DTK-Gebrauchsteckelstammbuch.

Die Größe des Teckels

Der Erfinder des Begriffs Jagdteckel, der unvergessene Hans Lux, schrieb in einem seiner ersten Bücher über den Jagdteckel, daß ein Dackel für die Jagd so kräftig sein solle, daß er ein Reh niederzuziehen imstande sei. Einem Teckel von mehr als neun Kilogramm versagt der DTK den Formwert ‚vorzüglich'.

Ich war Zeuge, wie sich mit glänzenden Augen ein Kaninchenteckelzüchter aus einem Dreierwurf (Kaiserschnitt) eine neunwöchige ‚Maus' herausklaubte, sie verklärt betrachtete, ob sie auch die Kleinste sei, um sie dann als zukünftige Zuchthündin mitzunehmen. Dies ist das Größenspektrum und der Diskussionsspielraum der Teckelzucht: von ‚Dackel-Bracke' bis ‚Kaninchen-Maus'.

Der Jäger, der auch mit dem Teckel jagen und ihn nicht als Schoß- und Sofahund verweichlichen lassen will, muß sich im klaren sein, daß Jagd für den Hund harte Arbeit ist, er also etwas leisten muß. Und dafür ist eine gewisse Körpergröße erforderlich. Es hat sich unverständlicherweise eingebürgert, eine ‚Dackel-Größe' einmal nach Gewicht (beim Normalschlag) und andererseits nach dem Brustumfang (bei den Kleinteckeln, also Zwerg- und Kaninchenteckel) anzugeben. Ein großrahmiger Hund mit gutem Bodenabstand wird auf dem Papier – in den Anzeigen der Jagdzeitschriften – gleichgesetzt mit einem schweren, plumpen, tiefhängenden Dackel. Beide wiegen neun

Kilogramm; doch welch ein Unterschied! Früher waren die Teckel insgesamt größer und schwerer als heute; aber auch krummbeiniger und plumper. Trotzdem ist der Jäger aufgerufen, den allgemeinen Teckeltrend zu immer kleineren Hunden nicht mitzumachen. Der Dackel ist ja schon eine kynologische Zwergform. Warum also immer noch kleiner und winziger? Die Natur setzt von ganz allein Grenzen. Züchter wissen das, doch viele ignorieren es.

Ich neige zu großen Teckeln (schlanke Dackel, Rauh- und Langhaar von 10 Kilogramm begeistern mich geradezu), und für mich besteht die absolute Untergrenze – die Schmerzgrenze – für einen Jagdteckel bei 6,5 Kilogramm ‚Kampfgewicht', 8 bis 9 Kilogramm erachte ich als ideal!

Es sei nicht verheimlicht, daß große Teckel auch manchmal Nachteile haben – können. Sie tun sich oft schwer im Fuchsbau, sind mitunter beim Stöbern unbeweglich, nicht so springlebendig, und will man einen 12 Kilogramm schweren Dackel mit auf den Hochsitz nehmen, artet dies in Arbeit aus. Ein 6-Kilogramm-Kerlchen merkt man fast nicht.

Doch ein Teckelchen, das zu winzig ist für die Schweißhalsung, ein Dackel, für den der Schweißriemen (der leichte, speziell für Teckel) zu schwer ist, der an einer Nylonschnur ‚geführt' werden, der über jeden Ast und Stamm getragen werden muß, der auf einer Spurlautprüfung den Sturzacker nicht meistert – so ein Kerlchen mag zu allem taugen, für die Jagd nicht!

Auf einer Spurlautprüfung im Frühjahr, bei Aprilwetter, bat mich allen Ernstes eine wirklich nette Dame um einen Hasen auf möglichst gemähter Wiese für ihren kleinen Kaninchenteckel. Obwohl sie mir leid tat, mußte ich ihr erklären, daß der Hund der Hasenspur nun mal folgen müsse, egal wohin der Hase flüchtet. Mittags schon gab die Dame auf – durchgeregnet und mit ‚Klumpfüßen', ohne daß ihr ‚Mäuschen' je eine Hasenspur gewittert, ohne je geschnallt worden zu sein. Man muß um das Leben so eines Teckels fürchten, einer der vielen Bussarde könnte ihn schlagen – nicht auszudenken!

Welpe, Jung- oder ‚fertiger' Hund?

Es soll Menschen, Hundefreunde, geben, die keinen Welpen, sondern einen etwas älteren, ja manche erst einen ‚fertig' ausgebildeten Hund übernehmen wollen in der Hoffnung, der irrigen, so ein Hund mache weniger Arbeit, „der ist ja schon stubenrein …". Arme Menschen, kann ich nur sagen. Sie betrügen sich um die schönste, die befriedigendste Zeit des ach so kurzen Miteinanders. In keiner Zeit entwickelt sich der Hund so aufregend schnell wie in der Welpen- und Junghundzeit. Nie wieder kann man so leicht, so erfolgreich, so zwanglos dem Welpen/Junghund mitteilen, was er tun soll, wie es der Jäger gerne hätte. In dieser Zeit wird der Hund, das jagdliche Miteinander, die Mensch-Hund-Freundschaft gefestigt und geprägt! Spätestens nach dem Kapitel Frühsterziehung werden Sie mir zustimmen, daß der wahre Teckelfreund und Jäger sich nur einen Welpen im Alter von etwa 8 bis 10 Wochen zulegt.

Erwerb eines Teckels

Nach vielem Wenn und Aber, nach Diskussionen am Jägerstammtisch und in der Familie – ich weiß, all dies muß sein –, nach eingehendem Studium der Jagdzeitschriften und Dackelliteratur haben Sie sich also für einen Teckel als Jagdhund und – nach dem vorherigen Kapitel – auch noch für einen Welpen entschieden.

Doch wie kommt man nun an einen Teckelwelpen? Die einfachste – und nicht die schlechteste – Möglichkeit ist, eine Postkarte an den Teckelklub (Anhang 2) zu schicken, mit der Bitte um Zwingernamen aus der Nähe des Käufers. In der Regel wird der Klub den Anfragenden an die örtliche oder nächstgelegene Teckelgruppe verweisen, und der zuständige Vorsitzende oder Zuchtwart kann weiterhelfen.

Man kann sich aber auch im Anzeigenteil der Jagdzeitschriften orientieren und dort mit Züchtern Kontakt aufnehmen. Hier kann man gute, sehr gute, ja, Spitzenhunde erwerben.

Ein anderer Weg, um an einen brauchbaren Jagdteckel zu gelangen, wird meistens vergessen. Ich halte ihn für den besten: Die DTK-Registrierstelle (Anhang 2) anschreiben mit der Bitte um die aktuelle Nachsuchen- und Bodenjagdstatistik. Hier findet der Interessent Führer und Züchter, die mit ihren Hunden wirklich jagen, und man kann sich einen entsprechenden Züchter heraussuchen.

Ganz Ungeduldige blättern im Branchenverzeichnis und finden dort unter ‚D', wie Dackel, oder DTK die Welpenvermittlung, die weiterhelfen kann.

Egal, für welche Möglichkeiten man sich entscheidet, man sollte sich auf alle Fälle Zeit lassen. Wer intensiv und beglückend zehn, zwölf Jahre mit seinem Teckel jagen will, dem darf es nicht auf ein halbes oder dreiviertel Jahr ankommen. Übereilige werden nämlich an Züchter verwiesen, die immer Welpen haben – und dies sollte zu denken geben. Große Züchter, Massenzüchter meine ich hiermit, bringen Spitzenprodukte hervor, weil die Basis breit genug ist. Die ‚tauben Eier' zählt keiner, und die wirklichen Spitzenhunde werden planmäßig ‚aufgebaut', auf Prüfungen und Ausstellungen geführt und zur Zucht behalten – man hat ja schließlich einen Namen ...

Dem Jäger muß es um Qualität gehen, nicht nur in der Verbindung zweier Elterntiere, sondern auch im Umfeld, den Umweltbedingungen, der Welpenaufzucht, Betreuung, Prägung, Sozialisierung (siehe hierzu auch Literatur, Trumler). Und dies findet man normalerweise nur bei ‚kleinen Züchtern', die sich intensiv, unter vielen Opfern, mit jedem Welpen, mit jedem Wurf engagiert und leidenschaftlich beschäftigen.

M U S T E R

Deutscher Teckelklub e.V.

gegründet 1888

angeschlossen beim Verband für das Deutsche Hundewesen und der Fédération - Cynologique - Internationale

Ahnentafel
für den Dachshund

Obeliks von Tegelgrund — Geschlecht: Rüde — VDH/DTK Nr. 9101812R

Haarart und Farbe: rauhhaar-dkl-saufarben — Wurftag: 23.12.1990 — GTSt. Nr.

Züchter: Hans-Dieter Schauer, 8371 Rinchnach — Täto-Nr. 595R43

Leistungszeichen ▼ — Wurfstärke: 2 , 3 — † ,

Sp/J	SchwhK/J	St/J	Vp/J	Sp	SchwhK	SchwhK/40	SchwhN	Sw	St	Vp	BhFK	BhFN	BhDN	KSchlH	KSpN	Schußf.	Wa-T.

<table>
<tr><th>Eltern</th><th>Großeltern</th><th>Urgroßeltern</th></tr>
<tr><td rowspan="4">Vater
GS 88
Silas vom Giesebrink
8607720R
SchwhK/J Sp SchwhK SchwhK/40 SwI/ Vp BhFK BhFN
GTSt.101/87 SG
rauhhaar
dkl-saufarben</td><td rowspan="2">GS 80 IACh 81 ISchCh 82
Tristan vom Giesebrink
7903378R
Sp/J Vp/J Sp SchwhK SchwhN St Vp BhFK
GTSt.98/80 V</td><td>KS 75 GS 76 Julius vom Bibernsee 7403664R Sp/J Sp SchwhK SchwhK/40 SchwhN St Vp BhFK GTSt.75/76 V</td></tr>
<tr><td>GS 77 Kuni vom Giesebrink 7605733R Sp/J Sp SchwhK St Vp BhFK GTSt.143/77</td></tr>
<tr><td rowspan="2">Ve vom Grinderwald
8401635R
Sp BhFK</td><td>Faro vom Giesebrink 8207509R Sp/J SchwhK/J Vp BhFK GTSt.181/83</td></tr>
<tr><td>Gesa ut Peermöhlen 8014844R Vp/J Sp SchwhK BhFK GTSt.336/82</td></tr>
<tr><td rowspan="4">Mutter
Kati von Tegelgrund
8801556R
Sp/J Sp St Vp BhFK
GTSt.191/90 SG
rauhhaar
dkl-saufarben</td><td rowspan="2">GS 83
Lauser von Leoprechting
8207966R
Sp/J SchwhK/J St/J Vp/J SchwhN BhFK BhFN
GTSt.243/83 V</td><td>Goetz vom Ahlsensee 7612913R Sp/J St/J Sp SchwhK Vp BhFK GTSt.156/80 SG</td></tr>
<tr><td>GS 74 Wurzel von Leoprechting 7311098R Sp SchwhK St Vp BhFK GTSt.143/74</td></tr>
<tr><td rowspan="2">Drossel von Tegelgrund
8201444R
Sp/J Vp/J Sp SchwhK St Vp BhFK
GTSt.162/86 SG</td><td>GS 82 VDH-CH 88 Battermann von Reitzenstein 7809256R Sp/J SchwhK/J Sp SchwhK SchwhK/40 SwI/ St Vp BhFK GTSt.264/80 V</td></tr>
<tr><td>Julchen von der Aschenhütte 7905199R Sp/J SchwhK Vp BhFK GTSt.425/82 SG</td></tr>
</table>

Ich, der unterzeichnete Züchter, versichere, daß der vorbezeichnete Hund von mir gezüchtet ist und die dem Zuchtbuchamt beigebrachten Zuchtunterlagen echt sind und die gemachten Angaben auf Wahrheit beruhen.

______________________, den ______________________ 19____

____
Unterschrift des Züchters

Leistungszeichen: BhFK = Bauhund Fuchs Kunstbau, BhFN = Bauhund Fuchs Naturbau, BhDN = Bauhund Dachs Naturbau, Sp = Spurlautprüfung bestanden, SchwhK = Schweißhundprüfung auf künstlicher Wundfährte bestanden, Sw = Verbandsschweißprüfung bestanden, SchwhN = Schweißhundprüfung auf natürlicher Wundfährte bestanden, Tv = Totverbeller, Tw = Totverweiser, Vp = Vielseitigkeitsprüfung bestanden, KSchlH = Kaninchenschleppe-Herausziehen, KSpN = Kaninchensprenger-Natur, St = Stöberprüfung bestanden, WS 19__ = Weltsieger 19__, WJS 19__ = Weltjugendsieger 19__, ES 19__ = Europasieger 19__, EJS 19__ = Europajugendsieger 19__, BS 19__ = Bundessieger 19__, BJS 19__ = Bundesjugendsieger 19__, KS 19__ = Klubsieger 19__, KJS 19__ = Klubjugendsieger 19__, GS 19__ = Gebrauchssieger 19__, LS 19__ = Landessieger 19__, ISchCh = Internationaler Schönheits-Champion, IACh = Internationaler Arbeits-Champion, DtChVDH 19__ = Deutscher Champion VDH 19__, DtCh 19__ = Deutscher Champion 19__, BSs 19__ = Bundes-Suchen-Sieger 19__.
Formwert: V = Vorzüglich, sg = sehr gut.

Nach Prüfung der beigebrachten vorgeschriebenen Abstammungsangaben und Zuchtunterlagen wurde der vorbezeichnete Hund unter der oben angeführten Nummer in das Stammbuch des Deutschen Teckelklubs eingetragen.

4100 Duisburg, den 8.4.1991
Prinzenstraße 38

Stammbuchamt

Rückseite beachten

Spätestens, nachdem man einige Zwinger in die engere Wahl gezogen hat, sollte man sich sachkundig machen, um den Züchter zu verstehen, mitreden, eine Ahnentafel lesen zu können.

In das bereits erwähnte DTK-Gebrauchsteckelstammbuch (GTSt) werden alle Teckel eingetragen, die eine Baueignungsbewertung und Vielseitigkeitsprüfung bestanden oder die innerhalb von zwei Jahren alle Einzelprüfungen mit mindestens einem 2. Preis erfolgreich abgeschlossen und mindestens die Formwertnote ‚sehr gut' erreicht haben. Findet man auf der Ahnentafel zum Beispiel ein ‚GS 1991', so bedeutet dies, daß dem Hund in dem entsprechenden Jahr der Titel Gebrauchssieger verliehen wurde, weil er auf einer Vielseitigkeitsprüfung mit dem 1. Preis und auf einer Baueignungsbewertung mindestens mit dem Arbeitswert ‚gut' bestanden hat. Zu den einzelnen Leistungszeichen, die der DTK pro Prüfung vergibt, kommen wir später. Wichtig ist noch der Stempel ‚aus Jagdgebrauchsteckelzucht' auf der Ahnentafel, denn der sagt aus, daß alle Ahnen kontinuierlich ihre jagdliche Brauchbarkeit insofern nachgewiesen haben, als sie alle Spurlaut und Bauhund-Fuchs-Kunst erlangten. Allerdings werden kleine Lücken in der Kontinuität akzeptiert. Für den suchenden Jäger ist wichtig, daß wirklich alle (!) Ahnen auf der Ahnentafel *mindestens* im Gebrauchsteckelstammbuch aufgeführt sind. Denn auf vieles kann man beim Waldgebrauchshund verzichten, nicht aber auf Spurlaut, Wesen und Härte.

Der Verein für Jagd-Teckel (VJT) vergibt auch eine Gebrauchsteckelstammbuchnummer, und zwar für Teckel, die eine Gebrauchsprüfung (GP des VJT, Erläuterung im Kapitel Prüfungen) und eine Bauprüfung bzw. Kaninchensprengerprüfung bestanden haben.

Wenn Kontakt zu einem Züchter besteht, sollte nach beiden Elterntieren, besser noch, nach schon vorhandenen Welpen aus früheren Würfen (Referenzen) gefragt werden. Löchern Sie den Züchter. Wie werden die Hunde gehalten? Zwinger oder Haus? Zwinger, Haus und Garten ist besser. Ist der Züchter selbst Jäger, geht er auf die Jagd, oder ist er nur Prüfungsteilnehmer, Pokaljäger, und benutzt den Jagdschein als Alibi? Besichtigen Sie die Zwingeranlage. Mir sind sterile Zwinger genauso unheimlich wie total verdreckte, mit Kot, Abfall und halb verwestem Fleisch. Die besten Zwinger, finde ich, sind Abenteuer-Gärten, also Hof und Garten, wie man es nur bei ‚kleinen' Züchtern findet.

Falls die Welpen schon gewölft, also schon da sind, fragen Sie nach dem Wurfverlauf, dem Welpenverhalten, der Gewichtskontrolle des Wurfes. Mußten Welpen wiederholt ans Gesäuge angelegt werden? Gab es sonstige Probleme? Wenn der Züchter keine Angaben machen will oder kann, ist Vorsicht geboten. Ein Züchter, der nur verkaufen will, seine Welpen aber nicht betreut, die Zucht und Aufzucht nicht ernst nimmt, ist suspekt. Ihre Fragerei ist nicht unverschämt, denn Sie nehmen den Welpenerwerb ernst. Übertriebenes Verhätscheln und Vermenschlichen der Welpen, mit ins Bett nehmen und so weiter, ist genauso abstoßend und – vor allen Dingen – nicht artgemäß.

Kurz nach dem Öffnen der Augen bei der Gewichtskontrolle

Wenn der Käufer sich wirklich früh genug um seinen Dackel bekümmert, er rechtzeitig Kontakt zu einem ihm angenehmen Züchter hat, sollte er sich dafür stark machen und dies auch äußern, daß er nur an einem Frühjahrswurf interessiert ist. Warum?

Viele Hündinnen werden zweimal im Jahr heiß, manche auch nur einmal, dann aber im Frühjahr. Die Frühjahrswürfe im weitesten Sinne, also von Februar bis Mai, bieten die Gewähr, daß die Welpen ‚ins Jahr hinein' gewölft werden, sie also viel Sonne mitbekommen, draußen spielen, raufen, sich bewegen und optimal entfalten können. Die Abende sind lange hell, man kann noch viel unternehmen, sich um die Junghunde kümmern und mit der Ausbildung anfangen. Welpen, die in die dunkle Jahreszeit hineingewölft werden, haben es ungleich schwieriger. Allein die Stubenreinheit bereitet Probleme, wenn man den jungen Hund bei Sturm und Regen vor die Tür setzen will. Mehr darüber im Kapitel Frühsterziehung.

Nutzen Sie die Zeit, verkürzen Sie sich das Warten auf den Wurf. Treffen Sie Vorbereitungen. Da ja der Züchter – hoffentlich – nicht allzu weit entfernt wohnt, man also von Zeit zu Zeit den Wurf besichtigen will, empfiehlt sich die Anschaffung eines guten Buches über die Zucht bzw. über die Welpenentwicklung (Literatur, Trumler).

Zur Vorbereitung gehört auch die Frage nach der Unterbringung des Hundes. Da der Teckel zweifellos zu den kleinen Hunden gehört, meinen viele, ihn leicht in der Wohnung halten zu können. Ich empfehle, sofern es geht, beides: Zwinger und Wohnung. Bin ich zu Hause, will ich meinen Hund um

Hundehütte Typ ‚Urlas': Aufklappbares Dach, doppelwandig, Eingangsstollen, Fenster

mich haben. Muß ich die Wohnung für mehrere Stunden verlassen, oder es findet einmal eine größere Party statt, ist es für Hund und Familie vorteilhaft, wenn sich der Teckel in ‚sein Reich', in seinen Zwinger zurückziehen kann. Nun stellt sich die Frage nach der Hütte. Typ ‚Urlas' (Foto), doppelwandig, Isolierfenster, aufklappbares Dach, Eingangsstollen, zugfreier Ruheraum bieten dem Hund sowohl im Sommer als auch bei tiefsten Minusgraden ein wohliges Heim. Bemerkenswert finde ich, daß es so viele Hütten ohne Fenster gibt. Ich habe mit dem Hüttenfenster allerbeste Erfahrungen gemacht, denn ist es feucht, naß und kalt draußen, sausen die Welpen und Junghunde bei jedem unbekannten Geräusch hinaus, um nachzuschauen. Jedesmal werden sie naß, schleppen Feuchtigkeit und Nässe in den Eingangsstollen der Hütte. Hat die Hütte ein Fenster, wird bei Geräuschen erst einmal ein Blick durchs Fenster geworfen, tut sich nichts Besonderes, bleiben alle drinnen. Mit Fenster bleiben die Welpen bei schlechtem Wetter trockener, die Hütte selbst auch – und sauberer.

Haus- und Gartenbesitzer können, so sie gefährlich nahe an befahrenen Straßen wohnen, ihr Gelände mittels Zaun ‚dackelsicher' machen. Es sterben mehr Dackel auf der Straße als im Dachs- oder Fuchsbau.

Hundekorb, Futterschüssel, Hundepfeife, Umhängeleine, Schweißhalsung und -riemen vervollkommnen die Ausrüstung des neuen Teckelführers. Viele Hundeführer meinen, die ‚teure' Anschaffung eines Schweißriemens erübrige sich beim Teckel oder kann später erfolgen. Irrtum: Wir behandeln unseren Teckel wie einen großen Hund, alles allerdings der Größe und dem Alter gemäß. Mit rotem Halsband und unzweckmäßigen Nylonschnüren wollen wir uns nicht zufrieden geben. Die Schweißhalsung wird er schon bald umbekommen… Auch beim Kauf eines Hundekorbes verkaufen sich die meisten, da sie sich nicht vorstellen können, daß ihr neuer ‚Filius' einmal so groß wird. Ein Dackelkorb muß mindestens eine Bodenlänge von 60 Zentimetern haben.

Ein Hundegitter für den fünftürigen Kombiwagen kann man sich kaufen, muß man aber nicht. Ausleihen genügt. Gleich bei den ersten Fahrten ins Revier das Hundegitter eingebaut, sagt dem Teckel, daß sein Platz dort hinten ist und nirgends sonst. Schon nach kurzer Zeit kann man das Gitter entfernen, er hat es begriffen. Wichtig ist allerdings, daß gleich beim ersten Mal der Mensch konsequent handelt, den Dackel auf seinen zukünftigen Platz weist und nicht den ach so süßen Welpen auf den Fahrersitz läßt. Einmal dort, wird er es immer wieder versuchen, besonders wenn der Hund naß und verdreckt vom jagdlichen Einsatz kommt und es vorne bei Herrchen so schön warm und wohlig ist...

Zwischen der achten und zwölften Lebenswoche sollte man den Junghund beim Züchter abholen, nach vorheriger Abstimmung mit ihm, denn Wurmkur, Tätowierung und Impfung müssen aufeinander abgestimmt werden. Ab der 6. Woche erfolgt die letzte Wurmkur, dann mindestens eine Woche später eine Vierfach-Impfung (Staupe, Leptospirose, Hepatitis und Parvovirose), wieder mindestens eine Woche später die Tätowierung und Wurfabnahme vom Zuchtwart. Alles dies belastet den kleinen Hund, und man sollte schon einige Tage dazwischen haben, zur Erholung. Kommt der Schock des Herausnehmens aus dem Wurf zu früh oder parallel zu einer anderen Belastung, ist Durchfall eigentlich das mindeste, womit man rechnen kann. Vom Züchter bekommt man das Impfbuch (Angaben kontrollieren), eventuell einen Kaufvertrag und die Ahnentafel des Hundes. Meistens wird die Ahnentafel nachgeschickt, denn sie kann erst nach Wurfabnahme beantragt werden, und dies dauert einige Tage. Aufmerksame Züchter legen noch eine Fütterungstabelle dazu. Lassen Sie sich nicht abspeisen mit der Bemerkung „... ein Stückchen Leberwurst nimmt jeder Hund ...“. Fütterungsart und -zeiten sollten für eine Weile genauso beibehalten werden wie beim Züchter. Dies erleichtert dem Hund die Umstellung.

Die Tollwutimpfung muß vom Käufer etwa ab der zwölften Woche durchgeführt werden.

Ein Wort noch zur Tätowierung im rechten Behang: Dies hat System, ist *das* Erkennungsmerkmal ihres Hundes und bedeutet beim DTK z. B. 04 FP 12: 04 ist die Zwingernummer der Gruppe FP, 12 ist der zwölfte Welpe dieses

Tätowieren tut ein bißchen weh, ist aber notwendig, da das Erkennungsmerkmal!

Zwingers. Beim VJT bekommt der Welpe die Stammbuchnummer in den Behang tätowiert. Sollte der Teckel also einmal verlorengehen und wird irgendwo aufgegriffen, ist es für Finder kein Problem, die Gruppe, den Züchter und dann auch den Besitzer zu ermitteln, denn jeder Züchter des DTK muß ein Zuchtbuch führen.

Was kostet ein Hund? Preise kann und will ich nicht nennen, da diese zeitlich und örtlich sehr verschieden sein können, doch sollte der Käufer bedenken, daß ein mit viel Mühe und Liebe aufgezogener Welpe aus guter Verbindung nicht billig sein kann, eigentlich auch nicht billig sein darf. Was billig ist, ist nichts wert – vom Wertlosen trennt man sich schnell. Durchschnittspreise erfragt man am besten beim Zuchtwart. Einige Züchter gehen dazu über, dem Käufer einiges nachzulassen, falls später Gebrauchsprüfungen nachgewiesen werden, oder sie übernehmen das Nenngeld dieser Prüfungen. Diese Abmachungen, falls sie ernstgemeint und seriös sind, kann man akzeptieren – der finanziell nicht so bemittelte Jungjäger kann hier eventuell etwas sparen, dem Züchter wird es recht sein, und dem Teckel dient es letztlich auch.

Die Entwicklung des Welpen

Sie ist Sache des Züchters, was geht es mich an? Ich zahle und kann einen Junghund erwarten, an dem alles dran und alles drin ist – wird vielleicht mancher Unbedarfte oberflächlich und fälschlicherweise denken.

Natürlich ist die Entwicklung des Welpen, sofern sie unter der Obhut des Züchters liegt, in seiner Verantwortung. Eine große Verantwortung, meine ich. Da die Frühsterziehung schon beim Züchter anfangen und sich dann beim Käufer fortsetzen soll, erachte ich es als wichtig, den zukünftigen Tekkelführer mit einigen Grundgedanken und -ideen der Welpenentwicklung vertraut zu machen. Bei einem Züchter setze ich dies als bekannt voraus.

Zuchtziel

‚Normal', ‚natürlich', geistert in so manchen Züchter- und Führerköpfen herum. Doch was ist schon ‚normal' in der heutigen Hundezucht? Normal ist mit Sicherheit nicht, wenn ein Wurf mit Pillen, Pipette und Präparaten großgezogen wird oder immer und immer wieder mit dem Schwächsten des Wurfes weitergezüchtet wird. Genausowenig normal erscheint es mir, eine Hündin mit ihren Welpen in einer – natürlichen – Erdhöhle sich selbst zu überlassen. Das ‚Normal' wird vielleicht verständlicher, wenn wir uns dem Zuchtziel nähern. Der Jäger will einen gesunden, kräftigen, substanzvollen, normalen Hund mit guter Veranlagung. Wesens- und charakterfest soll er sein, mit guter Jugendentwicklung, die ihn nicht zum Angstbeißer, sinnlosen Kläffer, scheuen, nervösen Krampen werden läßt!

Denn, wie sagte schon E. Trumler klar, deutlich und richtungweisend: „Ein schlecht veranlagter Hund mit einer guten Jugendentwicklung wird ein besserer Hund sein als einer, der zwar über beste Erbanlagen verfügt, aber eine unzureichende Jugendzeit verlebte." Hier wird die ganze Verantwortung des Züchters deutlich. Aber auch der zukünftige Welpenbesitzer ist zur Mitverantwortung aufgefordert, nämlich wann und wo und wie und ob er sich überhaupt einen Welpen anschafft. Es geht nicht nur um den Wurf, das Wölfen, sondern auch und ganz entscheidend um die Entwicklung der Welpen und die Einflüsse, die auf sie von außen einwirken.

Da der unkomplizierte – natürliche – Geburtsvorgang die Gesundheit der Hündin widerspiegelt, sollte der Welpenkäufer diesen so wichtigen Vorgang auch erfragen. Ist alles glattgegangen, ist es für den Züchter in den nächsten zwei Wochen eine beschauliche, gemütliche Phase, die er sich nach der Aufre-

Dackelwelpe kurz vor dem Öffnen der Lidspalte

gung auch verdient hat. Die Vegetativphase sollte dem Käufer bereits einen ersten Blick in die Wurfkiste ermöglichen, nicht um sich schon einen Welpen auszusuchen, dafür ist es noch zu früh, sondern um mit dem Züchter über den Begriff Biotonus zu diskutieren. Biotonus kann man definieren als die dem Welpen innewohnende Lebensenergie. Welpen, die nach dem Austreten aus der Vulva sofort energisch und kraftvoll der Milch- und Wärmequelle zustreben, haben mehr Lebensenergie, als einer, dem man durch permanentes Anlegen an die Zitze die Lebensenergie künstlich verschafft. Der Biotonus ist genetisch fixiert, ändert sich auch im Alter nicht mehr und wird nur überlagert von anderen Verhaltensweisen, wir vergessen ihn alsbald – wie schlimm!

Gesunde Teckelwelpen sollten ihr Geburtsgewicht mit dem 7. Tag verdoppelt, mit dem 13. verdreifacht und mit dem 18. Tag vervierfacht haben.

Die sogenannte Übergangsphase wird vom 12. bis 15. Tag mit dem Öffnen der Lidspalten eingeleitet. In der Natur liegen die Welpen dieses Alters noch in der dunklen Wurfhöhle. Der Züchter und Betrachter muß nun dafür sorgen, daß auch unsere Welpen im Halbdunkel in Ruhe gelassen werden. Als Kinderspielzeug und Vorzeigeobjekte sind sie noch zu jung. Nach dem Öffnen der Augen – die große Dunkelheit weicht – beginnt das gegenseitige Erkennen der Wurfgeschwister, das Beschnuppern. Aus dem Bauchkriechen wird ein wackliges Kriechlaufen. Aufschlußreich für uns, daß sich mit dem Kriechlaufen die Welpen zum Nässen und Lösen vom Wurf oder der Hündin entfernen und eine separate Ecke aufsuchen. Hunde sind von Natur aus stubenrein.

Exakt mit dem 21. Tag beginnt die ‚alles entscheidende' Prägungsphase. Prägung ist der erste Eindruck, sofern er unwiderruflich bleibt wie bei einer Münze. Der Begriff Prägung im Tierreich ist immer irreversibel, d. h. nicht umkehrbar. Bei den Lorenzschen Graugänsen war der erste Eindruck der

Prägende Eindrücke; auch eine Schnecke im Zwinger muß eingehend untersucht und bewindet werden

Mensch, und zeitlebens waren sie auf Menschen und nicht auf Gänse geprägt. Bei Hunden ist der erste Eindruck nicht so ausgeprägt wie bei den meisten Vögeln, aber was der Welpe von der 3. bis 9. Woche an Eindrücken nicht sammeln kann bzw. an ‚falschen' Eindrücken mitgenommen hat, prägt ihn fürs Leben, ist zwar in gewissen Grenzen nachhol- und abschwächbar, niemals aber umkehrbar! Ein Welpe, nur auf Hunde geprägt, wird mit seinesgleichen keine, mit Menschen aber immer Schwierigkeiten haben; ein Welpe, lediglich auf Menschen geprägt, wird ein braver Freund desselben, aber stets Probleme mit dem Sexualverhalten haben. Ein Problemhund wird also nicht geboren (sofern die Probleme nicht genetischer Natur sind, was relativ selten ist), sondern dazu gemacht, fehlgeprägt!

Hierzu ein authentisches Negativbeispiel: Später Herbstwurf in einer größeren Zuchtanlage. Die Welpen tummeln sich mit der Hündin in einer Hütte, ohne auch nur einmal in die Wohnung des Züchters zu kommen. Draußen fegt der Wind Schnee und Graupel durch den Zwinger. Manchmal steckt einer sein Näschen aus dem Loch, macht ein Pfützchen im Hütteneingang und verschwindet flugs wieder. Hin und wieder tauchen vor dem Loch ‚riesige Schuhe' auf, stellen eine wohlduftende Schüssel hin, verursachen unbekannte Geräusche, verschwinden wieder. Die ganze kleine Welpenmeute wartet auf die Mutter, die, alles in sich hineingeschlungen, schnell in der Hütte alles wieder nach Hundeart hervorwürgt. In der 7. Woche hebt sich das Hüttendach, jeder wird am Genick herausgenommen, bekommt eine unangenehme Spritze. In der 8. Woche hebt sich das Dach abermals, und jeder bekommt eine Nummer in den Behang, was noch schlimmer als die Spritze ist. Zwischendurch noch ein paar Male herausgehoben, abgetastet, abgefühlt, „ach wie süß" – „nein, lieber den ganz Kleinen . . ." – und ab zurück in die Kiste. In der 14. Woche kauft ein Jungjäger diesen Wicht. Was wunder, daß er zu Hause gleich unterm Sofa verschwindet und tagelang nicht wieder hervorkommt. Beim kleinsten Geräusch, bei jeder unbekannten Bewegung, bei jedem Fremden verkriecht er sich in irgendeine dunkle Ecke. Ein Problemhund! Eine Prägung auf den Menschen hat nie stattgefunden.

Ohne Prägung auf den Menschen kann es niemals zu einer wirklichen Gemeinschaft, zu einem Team, zu einem Gespann zwischen Mensch und Hund kommen. Dies muß für den Züchter heißen, daß er in diesen wenigen Wochen den Welpen alles an Eindrücken vermitteln muß, was eben möglich ist: Spiel und Umgang mit Menschen, auch Fremden, besonders Kindern; Umgang mit anderen Hunden; Kennenlernen von Autos und Zivilisationsgeräuschen; dazu sollte man dem Hund ein breites Nahrungsangebot (Geschmackseindrücke) bieten. Wenn wir vom Wesen eines Hundes sprechen, ist dies immer die Summe von genetisch bedingten Anlagen *und* Einflüssen von außen. Bei einem älteren Hund kann man später nicht oder nur schwer feststellen, ob ein Fehler genetisch oder ein Mangel einflußbedingt ist. Beides, Anlagen und Welpenentwicklung formen den späteren Hund!

Mit Beginn der Prägungsphase ändert sich das Welpenleben bei den meisten Züchtern auch insofern grundlegend, als der Wurf von der Wohnung und Wurfkiste umzieht in den Zwinger und die Hütte.

Etwa zwischen der 9. und 12. Woche sprechen wir von der Sozialisierungsphase, eine Zeit, in der bei manchen wilden Caniden die Hündin ihre Welpen, oder besser Junghunde, wieder dem Rudel zuführt, d.h., die jungen Hunde müssen sich an- und eingliedern, sich sozialisieren. Genau das, was unsere Teckel machen müssen, wenn sie verkauft und ihrem neuen Heim und Herrn zugeführt werden.

Wurde in der Prägungsphase die Lernfreudigkeit festgelegt, so nimmt nun die Lernwilligkeit und der Lerneifer ganz erheblich zu. Der Junghund lernt jetzt am schnellsten und nachhaltigsten und paßt sich am einfachsten an. Die ‚natürliche Unterwürfigkeit‘, die immer eine freundliche sein sollte, entwikkelt sich. Als Erzieher (ich schreibe bewußt nicht Abrichter!) *muß* jetzt der Mensch auftreten! Versagt er oder läßt weiter seinen Junghund frei im Zwinger unter seinesgleichen sich ‚entfalten‘, kann später, nach Ablauf dieser Phase, nur noch durch Zwang das Versäumte korrigiert, nicht aber nachgeholt werden.

Immer und immer wieder muß man sich als Erstlingsführer vor Augen halten, daß der Hund ein Lernwesen ist und man ihm alles mögliche beibringen kann, aber er ist an Lernperioden gebunden, in denen grundlegende Dinge gelernt werden müssen. Versuche mit Blindenhunden haben gezeigt, daß die bis zur 13. Woche abgegebenen Welpen immer besser abschnitten als die, die später zum Ausbilder kamen.

Ich hoffe, daß ich Sie, verehrter Leser, eingestimmt, ‚genossen gemacht‘ habe auf das nächste Kapitel, die Frühsterziehung, die sich hauptsächlich mit dem Lernen in den beiden eben besprochenen Phasen beschäftigt.

Die Frühsterziehung

All jene, die in dieser Erziehungsmethode ein probates Mittel gefunden zu haben glauben, noch mehr Punkte, noch mehr Siege, noch mehr Pokale hamstern zu können, sie muß ich, so fürchte ich, enttäuschen. Nach meiner Einschätzung ist die Frühsterziehung kein geeignetes Mittel für Großzüchter, Berufsabrichter und Massenproduzenten. Sie ist die Methode des Einzelführers, der mit Zeitaufwand und Einfühlungsvermögen seinem Hund ein Größtmaß an Freiheit bei einem Mindestmaß an Zwang und Unterordnung, ein Maximum an Erziehung zukommen lassen will.

Schon lange, bevor ich mir die Lehren Trumlers zu Herzen nahm, konnte ich die Lehrmeinungen aus den Jungjägerkursen, jene Weisheiten von ‚alten Rüdemännern' kaum nachvollziehen, sie nur halbherzig glauben, z. B. Ein Jagdhund ist drei Jahre jung, drei Jahre gut, drei Jahre alt oder: „... der soll sich erst mal austoben, die Jugend genießen, dann beginnt der Ernst des Lebens ...“. Heute weiß ich, daß dies ausgemachter Unsinn ist. Ein Kind, welches bis zur Pubertät sich selbst überlassen bleibt, also ohne Erziehung zur Sauberkeit, ohne Anleitung zu gesitteten Eßgewohnheiten, ohne kleines Einmaleins, ohne lesen und schreiben zu können, ist so ein Kind vielleicht glücklicher? (Man verzeihe dieses Beispiel, aber manchmal sind Vergleiche mit Menschen einprägsamer.) Ein Kind wie ein Junghund (beides sozial lebende Säuger) brauchen eine glückliche Jugendentwicklung ohne Dressur und Abrichtung, aber – und jetzt bin ich wieder beim Hund – mit natürlicher, artgemäßer, den Entwicklungsphasen angepaßter Erziehung! Und da der Hund bereits mit der Übergangsphase anfängt zu lernen, sprechen wir von Frühsterziehung, die sich fortsetzt bis zum Alter von ungefähr 1½ Jahren. Die Frühsterziehung, richtig angewandt, schließt also mit dem Alter ab, in dem die Vertreter der Parforcedressur erst anfangen. Deutlicher ausgedrückt: Wer die Frühsterziehung versäumt oder vernachlässigt, kommt, will er einen brauchbaren Hund haben, um Parforce, also Zwang, nicht herum. Parforcedressur ist für jeden wirklichen Hundefreund, insbesondere aber bei Schweißhund- und Teckelführern *verpönt*!

Frühsterziehungsmethoden sind allerdings nicht unbedingt von Rasse zu Rasse austauschbar. Was für den Vorstehhund akzeptabel, muß für den Schweißhund nicht immer gut, kann für den Teckel gerade verkehrt sein. Vergegenwärtigen wir uns noch einmal, was ein brauchbarer Teckel können, was unser Ziel der Ausbildung und Erziehung sein muß. Der Teckel sollte ein problemloser Hausgenosse, also stubenrein und ohne Unarten sein, ein gewisses Mindestmaß an Gehorsam mitbringen, als Schweißteckel, Stöber- und eventuell Bauhund sollte er seinen Mann stehen und schließlich als Pürsch- und Jagdbegleiter immer dabeisein. Aufs Wesentliche reduziert, ist dies gar nicht so arg viel.

Umwelt

Mit dem Öffnen der Lidspalten, mit dem Erkennen der Wurfgeschwister, tritt auch der Mensch ins Leben der jungen Welpen – die Frühsterziehung beginnt. Wir sprechen mit ihnen, streicheln und liebkosen sie, nehmen also Kontakt mit ihnen auf. Siveke empfiehlt bei Vorstehhunden für den 15. Tag – „... und keinen Tag später ..." –, mit dem Schreckschuß an der Wurfkiste zu beginnen. Ich kann mich dieser Empfehlung, bezogen auf Dackel, nicht anschließen. Ich bin für artgemäße, den Entwicklungsphasen angepaßte Frühsterziehung und lehne künstliche, zusätzliche Streßsituationen für Welpen dieses Alters ab. Wer am 15. Tag schon mit der Schreckschußpistole beginnt, traut seinen eigenen Hunden in puncto Schußruhe (Schußfestigkeit), also Wesensstärke, nicht viel zu.

Man soll Teckelwelpen in dieser Phase aber auch nicht in Watte packen. Der normale Wohnungslärm wie Staubsauger, Radio, Spülmaschine, Kinderspielgeräusche u. ä. ist Gewöhnung an unsere Zivilisationsgeräusche genug. Wir gewöhnen sie also an normale Umwelt und nicht an eine ‚pseudo-natürliche', ein- und abgesperrt in Stall, Zwinger, Verschlag oder Keller!

‚Stuben'-Reinheit

Wie schon angedeutet, begeben sich die Welpen ab der Übergangsphase zum Nässen und Lösen an einen separaten Ort. Dies heißt: Welpen sind von Geburt an rein. Stubenrein ist ja ein vermenschlichter Begriff. Aber: Sofern man die Welpen läßt, der Zwinger mit Wurfkiste also nicht zu klein und der Wurf nicht mit anderen Hunden zusammengepfercht ist, suchen sich die Welpen eine separate Ecke. Der Platz oder Raum, an dem sie sich aufhalten, bleibt sauber. Man muß das einmal gesehen haben – darüber nachdenken und auf sich wirken lassen –, wie ein Welpe, ein paar Tage alt, sich mit gewaltiger Kraftanstrengung vom warmen ‚Geschwisterhaufen' entfernt, nur um zu nässen. Oder unsere Donja, mit 5 bis 6 Wochen, aus dem Wohnzimmer krabbelte, eine Stufe überwand, fast quer durch den Garten mehr kroch als lief, lediglich, um ein kleines Häufchen abzusetzen. Der Hund ist also von Geburt an stubenrein und bleibt es, sofern man ihn läßt *und* es sich um einen Frühjahrs- oder Sommerwurf handelt. Wenn es draußen stürmt und schneit, ist es keinem Welpen zu verdenken, sich in der Stube ‚seine' Ecke zu suchen, und hat er die erst einmal gefunden, dann bleibt es so. Ich habe meine letzten Würfe mit 9 bis 10 Wochen praktisch stubenrein abgeben können. Daß kurz nach der Abgabe mal ein Malheur passiert, kann vorkommen. Neue Wohnungsverhältnisse, der Weg nach draußen ist unbekannt, mangelnde Beobachtung führen dazu, sind aber meistens Schuld des Menschen! Stubenreinheit also ohne Zwang, Tricks oder Geschimpfe und Geschrei.

Eindruck = Prägung

Mit dem 21. Tag sind die Welpen samt Mutterhündin also in den geräumigen, sonnigen Zwinger umgezogen. Eine neue Welt eröffnet sich ihnen. Erkundung der Hütte, Erobern des Zwingers, Spielen mit Gras, Stöckchen und den Wurfgeschwistern haben Vorrang; neue Gerüche, neue Geräusche, ein neues Leben eröffnet sich ihnen.

Da nun langsam zugefüttert werden kann, sollte man ‚zum Essen' pfeifen, die Bande wird schon nach kurzer Zeit begreifen und verknüpfen: Pfiff – Herrchen aufsuchen – es gibt was Gutes. Ganz clevere und im jagdlichen Brauchtum verwurzelte Jäger blasen jetzt schon auf dem Jagdhorn den Hunderuf, wenn es ans Füttern des Wurfes geht – Eindrücke und Erfahrungen, die der Hund nie mehr vergißt.

Beim Spiel und Umgang in der Wohnung gewöhnen wir die Welpen an Tabus, d.h., wir bauen geradezu Tabus auf, wir provozieren den oder die

Sonne, Spiel, Bewegung im Garten, alles wichtig für eine gesunde und artgerechte Welpenentwicklung

Welpen, etwas Unartiges zu tun, um ihm dann zu sagen oder zu zeigen, daß dies auf alle Fälle verboten ist: Telefonkabel anknabbern, an der Gardine zerren, Teppiche zerkauen usw. Da wir mit unseren Welpen viel und häufig sprechen, genügt meist ein scharfes ‚Pfui' oder aber ein lautes In-die-Hände-Klatschen, um ihn von gewissen Sachen und Verhaltensweisen abzuhalten. Sie sind ja so gelehrig in diesem Alter!

Nur eines müssen wir unbedingt vermeiden: Wir dürfen die kleinen Hunde niemals verunsichern, also etwas von ihnen verlangen oder für etwas strafen, was sie noch gar nicht begreifen können, oder gar nachtragend sein. Ein kurzes Pfui, er stutzt, dann wird munter weitergespielt.

Ein typisch menschliches Fehlverhalten sei geschildert. Der Züchter und Jäger kommt gerade vom Tupfen einer Schweißfährte nach Haus, als das Telefon läutet. Tupfstock und Kanne werden schnell abgestellt – im Wohnzimmer, an der Terrassentür, wo sonst. Am anderen Ende der Leitung der Jagdkumpan, der schnell und ganz dringend seine Bockgeschichte loswerden will. Man verplaudert sich, ist ja zu aufregend, die Erlegung eines Bockes ... Derweil haben sich die Welpen über die Kanne hergemacht, diese umgeschmissen, den Rest Wildschweiß im Wohnzimmer verteilt. Ein Heidenspaß war das, jetzt spielen sie schon wieder mit einem alten Schlappen im Garten. Nach dem Telefongespräch entdeckt der Jäger das Malheur und veranstaltet ein furchtbares Donnerwetter, was die Welpen gar nicht mehr verstehen oder begreifen. Sie haben diesen Fehltritt längst vergessen. Nach der nun ‚uneinsehbaren Bestrafung' sind sie verunsichert. Verunsicherten Welpen fehlt es an Selbstvertrauen, an Selbstsicherheit – schlimm, nicht nur in diesem Alter!

Ganz besonderer Bedeutung in dieser Welpenentwicklungsphase kommt der Konsequenz der Ausbildung zu. Dem Welpen muß gesagt und gezeigt werden, daß bestimmte Verhaltensweisen *immer* zu unterlassen sind. Wer ihm einmal das Teppichkauen erlaubt – weil es gar so niedlich ausschaut –, ihn aber ein anderes Mal dafür schimpft, verunsichert ihn abermals und stellt das Erziehungsziel in Frage. Der Welpe braucht etwas zum Spielen – einen alten Schlappen, Socken oder Handschuh –, wir zeigen ihm aber konsequent, was für ihn tabu ist, und – kein Wunder – er begreift es, weil das Lernen und das Einhalten von Tabus zu dieser Entwicklungsphase gehören!

Herankommen und Sitz

Zu dieser Zeit habe ich immer einige Belohnungshappen, z.B. Milch- oder Schokodrops, bei mir. Ist ein Welpe gerade im Begriff heranzukommen (das Timing ist entscheidend), pfeife ich den Herankomm-Pfiff, lobe den Hund und tue so, als wäre es die größte Tat der Welt, die er vollbracht hat. Manchmal verknüpft er dieses Herankommen falsch und meint, er wird fürs Spielen gelobt (er war ja gerade im Begriff, mit mir ein Spielchen anzufangen). Dann verstecke ich mich hinter dem Haus oder sonstwo und pfeife – den Pfiff kennt er schon –, und wenn er kommt, mitten aus dem Spiel oder dem ‚Kampf' mit einem Stöckchen, wird er abermals gelobt und hat bald begriffen, also verknüpft: Fürs Herankommen auf Pfiff gibt's ein Leckerchen.

Später nehme ich die Drops in die Faust und warte darauf, daß sich der Kleine hinsetzt (Welpen können nicht lange stehen und sitzen häufig). Im Moment des Sich-Setzens (Timing) zeige ich mit dem Zeigefinger der geschlossenen Faust auf und sage gleichzeitig: „Sitz, so ist's brav, sitz!" Dann bekommt der Hund seinen Happen von der flachen Hand. Schon nach einigen Übungen macht er auf Fingerzeig ‚Sitz' und himmelt mich an, wartet also auf seinen Happen, den er auch bekommt. Wenn ich dies mit 6 bis 7 Wochen Fremden vorführe, glauben sie an Wunder, dabei sind meine Teckel so normal …

Futterschleppen

Sechste bis achte Woche, dies ist auch die Zeit, in der ich die ersten Futterschleppen mittels Rinderherz oder Pansen lege. Ich suche mir ein passendes Gelände – z. B. eine kurzgemähte Wiese – nicht zu weit vom Haus entfernt und ziehe die erste Schleppe 40 bis 50 Meter, Stehzeit 10 bis 15 Minuten. Der kleine Kerl wird ‚zum Anschuß', also zum Anfang der Schleppe getragen und dort aufgefordert, vorerst ohne Riemen, da noch viel zu klein und schwach, zu suchen. Manchmal klappt es auf Anhieb, manchmal sind Mäuse, Schmetterlinge oder Vögel interessanter für ihn. Das ist ganz normal in diesem Alter, denn die Welt der Welpen ist noch voller Wunder, jeden Tag erleben sie etwas Neues. Den verständigen Hundeführer darf dies alles nicht aus der Ruhe bringen, und Ungeduld wäre fehl am Platze. Langsam gehe ich mit ihm die Schleppe aus, ermuntere ihn, zeige auf die Fährte, und am Ende werden wahre Freudentänze aufgeführt. Ganz wichtig ist, daß am Ende etwas ganz ‚Tolles' liegt, und zwar nicht zu klein, denn sonst schnappt er sich den Brokken und – schwupp – ist mit ihm verschwunden. Ideal erscheint mir für das Schleppenende ein großer Rinderpansen, von dem Herrchen mit ‚viel Aufwand und Umstand' – endlich – ein Stück abschärft als Belohnung. So wird die Gemeinsamkeit verknüpft. Die nächsten Tage wiederholt sich diese Arbeit, wobei die *gleiche* Wiese (wichtig!) ausgewählt wird, aber der Verlauf der Schleppe sowie die Schleppenlänge, die Stehzeit und das Schlepprodukt variieren. Man sollte immer mit halbem oder vollem Rückenwind arbeiten, nie gegen den Wind, da sonst der Teckel zur ‚hohen Nase' erzogen wird. Oft schon beim zweiten, sicher aber beim dritten oder vierten Mal verknüpft der Welpe, wenn er auf Herrchens Arm die Wiese ansteuert, was er tun soll – nämlich nachsuchen –, und daß am Ende stets der Erfolg in Form eines großen Festessens stattfindet. (Später, im weiteren Verlauf der Nachsuchenausbildung, ist es wichtig, die Fährten stets in anderen Revierteilen zu legen.) Vorteilhaft ist auch, wenn jetzt schon die Welpen möglichst Kontakt zu vieler-

Am Ende einer Schleppe (oder Tupffährte) sollte möglichst immer etwas Interessantes liegen – manchmal ist es ein Frischling, der den Welpen bleibende Eindrücke vermittelt

lei geschossenem Wild bekommen. Eine Schleppe, gezogen oder ‚getupft' z. B. mit dem Haupt eines geschossenen Bockes (wir haben ja den Frühjahrswurf bevorzugt!), am Ende das Bockhaupt oder gar den ganzen Bock, einen Frischling oder Jungfuchs (Vorsicht bei Tollwut), vermittelt dem Welpen Eindrücke für sein ganzes Leben!

Ablegen

Einen Ausbildungstrick kann man bei der ersten Nachsuchenausbildung schon einfügen, nämlich das Ablegen auf dem Rucksack. Am Ende der Schleppe hat also der Welpe einen Bockkopf gefunden, daran herumgezaust und in Besitz genommen. Ich schärfe einen Lauscher für den Welpen ab, stecke den Rest umständlich und zeitaufwendig in den Rucksack und gehe nach Hause. Wenn der Welpe mit dem Lauscher fertig (durch das lange Herumzausen oder Auffressen des Lauschers wird das Erfolgserlebnis verstärkt, da in die Länge gezogen) oder des Herumzausens müde ist, findet er irgendwann den wie zufällig abgelegten Rucksack, der immer noch intensiv nach Erfolgserlebnis, Schleppe und Bock durftet. Die meisten Welpen werden nun auch den Rucksack ‚in Besitz' nehmen, sich auf ihm einrollen, vielleicht schon verteidigen. „So ist's brav, ablegen. Ablegen!" Hat man dies ein paar Mal praktiziert, der Rucksack muß natürlich etwas Besonderes bleiben, stets verbunden mit Jagd, legen sich die Junghunde später wie von ganz allein gerne darauf. Bei meiner Cleo habe ich es erlebt, daß das Ablegen auf dem Rucksack für sie ein Lob höchster Güte darstellte. Stets, auch auf der Prüfung, schlief sie nach ein paar Minuten wohlig grunzend ein. Dies ist noch nicht das richtige ‚Ablegen-Üben', aber eine gute Vorbereitung.

Noch eine Bemerkung zum ‚In-Besitz-nehmen': Ich habe den Verdacht, daß Welpen und Junghunde, die nie das Schleppenende in Besitz genommen haben, dies auch später nie taten – und fast immer für die Schweißarbeit untauglich waren. Also Welpen, die frühzeitig den Bockkopf vereinnahmen, im Auge behalten!

Besitzerwechsel

Etwa mit der 9. Woche – und bis zur 13. Woche dauernd – beginnt für die Welpen die Sozialisierungsphase, zu deren Anfang sie an neue Besitzer abgegeben werden, entwurmt, geimpft, tätowiert – versteht sich. Bevor der Welpe das Heim wechselt, fasse ich als Züchter noch einmal zusammen – und führe es dem neuen Teckelführer vor –, was der ‚Filius' durch Frühsterziehung schon alles kann. Er ist stubenrein und weiß sich auch sonst in der Wohnung zu benehmen; kommt auf Pfiff und macht auf Fingerzeig Sitz; arbeitet schon leichte Schleppen (ohne Schweißriemen), weiß also, daß er nachsuchen soll; und außerdem strotzt er vor Selbstvertrauen und ist ein Hunden und Menschen gegenüber freundlicher, selbstsicherer, kleiner Kerl mit souveränem Auftreten, da er ja alles kennt, ihn so gut wie nichts mehr erschüttern kann.

Viele neue Welpenbesitzer wollen Tips haben, nach Möglichkeit *den* Geheimtip, wie aus einem Wurf der Spitzenhund herauszufinden sei. Einen todsicheren Tip gibt es leider nicht. Auch der Wunsch nach einem ‚Kopfhund' wird gelegentlich geäußert, dabei wissen die meisten gar nicht, was ein solcher ist. Zum Problem ‚Kopfhund' kommen wir später. Empfehlen, welchen Hund man nehmen sollte, kann ich auch nicht, ich kann nur sagen, welchen Welpen man *nicht* oder nach Möglichkeit nicht wählen sollte.

Auch wenn man nicht zu züchten gedenkt, sollte man Welpen mit zuchtausschließenden Fehlern, wie Gebißfehler (Über- oder Unterbeißer), Knickrute (wird nur der Zuchtwart entdecken) und Einhodigkeit (dies kann man vorsichtig selbst ertasten) nicht unbedingt nehmen, obwohl dies auf die Leistung wenig Einfluß hat.

Ferner würde ich nicht den klar erkennbar schwächsten, wuscheligsten (bei Rauhhaar) und auch nicht den dicksten Welpen für mich aussuchen. Wuschelige Welpen sehen jung sehr niedlich und putzig aus, im Alter wächst sich das

Haar dann aber als zu lang und meistens zu weich heraus und ist für den jagdlichen Einsatz nur von Nachteil. Wenn ein Welpe an der Brust einen kleinen weißen ‚Stern' – den Brackenstern – oder aber einen Nabelbruch hat, der meistens von allein zuwächst oder durch eine kleine Operation behoben wird, sollte dieses den Käufer nicht abhalten. Häufig neige ich bei sonst ausgeglichenen Würfen zu jenem mit dem markantesten Kopf: Trockene ‚Brackenköpfe' mit langem Fang – oft wirklich bei Welpen schon erkennbar – lassen mich dann ‚schwach' werden ...

Auf keinen Fall ist zu einem Welpen zu raten, der sich beim ersten lauten Händeklatschen ängstlich verkriecht, scheu, vorsichtig und verstört wirkt. Aus einem Fünfer- bis Sechserwurf, die Norm, sagen wir 3,2, also 3 Rüden, 2 Hündinnen, sollte es keine Schwierigkeit sein, den passenden, zusagenden Welpen herauszufinden.

Eine lange Eingewöhnungszeit braucht der Welpe nicht. Ein, zwei Tage, um sich im Haus und Garten zurechtzufinden, reichen in der Regel schon. Denn er befindet sich ja noch in der Sozialisierungsphase, von der wir wissen, daß der Wille zum Lernen weiter zunimmt und der junge Hund mit Eifer lernt, ja lernen will. Nach der Übernahme vom Züchter, der ja – hoffentlich – die Weichen für eine erfolgreiche Frühsterziehung schon gestellt hat, muß nun mit ihr unbedingt und verzugslos fortgefahren werden.

War der Mensch bisher neben Mutterhündin und eventuell Vaterrüden eine Erziehungsgröße, muß nun der *Erzieher* ins Leben des Junghundes treten! Nach Absprache mit dem Züchter setzen wir zunächst, parallel zur eventuell nötigen Ein- und Umgewöhnung, die Erziehung im Hause fort, indem wir die Stubenreinheit verbessern. Der Hund, wenn er hinaus will, muß dies durch Lautgeben anzeigen. Alte Tabus werden bestätigt, neue kommen hinzu. Spätestens jetzt bringen wir dem Junghund das Tabu des Nicht-Zubeißens während unserer Balgerei und Spielerei mit ihm bei. Jedesmal, wenn er kräftig zupackt, schreien wir laut Au und rufen Pfui. Wenn es nicht hilft, schütteln wir den kleinen Kerl kurz am Nacken. Er lernt, daß er in den Schlappen, mit dem wir gemeinsam spielen, kräftig, in unsere Hand aber nur ganz vorsichtig, wenn überhaupt, beißen darf. Wer dies seinem Hund jetzt nicht beibringt, hat später in der Rangordnungsphase ernsthafte Probleme, besonders aber die Kinder, die mit dem Dackel spielen wollen – und auch sollen. Erzogen wird weiterhin mit Lob und Tadel (Pfui, scharfer Tonfall) oder vorsichtigem Nackenschütteln und Ausschimpfen. Schläge und Tritte sind verboten!

Der *Leinenführigkeit* messe ich im Rahmen der Frühsterziehung vielleicht zu wenig Bedeutung und Arbeitsaufwand bei – wahrscheinlich darin begründet, daß ich so herrlich wohne und meine Hunde direkt vom Garten in Feld, Wald und Flur laufen können. Trotz Frühsterziehung gewähre ich den Vierläufern ein Maximum an Freiheit, weil ich Freude daran habe. Für manche Hunde ist die Leinenführigkeit anfangs eine Tortur, für andere nach kurzer Gewöhnung kein Problem, für alle aber überlebensnotwendig in unserer verkehrsreichen Welt. Von Anfang an lassen wir unseren ‚Filius' an kurzer Umhängeleine links in Fußhöhe gehen. Durch abrupte Links- und Rechtsschwenkungen, unterbrochen von plötzlichen Stopps, Umkurven von Laternenpfählen und später Durchgehen durch Stangenholz, lernt unser Hund schnell und nachhaltig, worum es geht. Sogenannte ‚Flexileinen' sind zur Erziehung zur Leinenführigkeit völlig ungeeignet. Entweder läuft der Hund frei oder gehorsam angeleint ‚bei Fuß'! Man sollte anfangs keinen falschen Ehrgeiz entwikkeln und versuchen, schon das ‚Frei-bei-Fuß' zu üben. Das kommt später, wenn es mit Leine hundertprozentig klappt und der Hund ein wenig älter ist.

Ins Revier

Aus einem meiner letzten Würfe gab ich eine Hündin – Donja – mit 8 Wochen ab, um sie mit 12 Wochen für drei Wochen wieder bei mir in Urlaubspension zu nehmen. So etwas ist für die Hundeentwicklung und kontinuierliche Frühsterziehung nicht optimal. Trotzdem möchte ich an diesem Beispiel zeigen, was in wenigen, aber den entscheidenden Wochen zu erreichen ist. Neu eingewöhnen brauchte Donja sich nicht, sie kannte sich ja noch bestens aus. Ebenso war es mit der Stubenreinheit und den Wohnungstabus. Sitz auf Fingerzeig beherrschte sie noch, was man vom Herankommen auf Pfiff nicht sagen konnte. Wahrscheinlich wurde sie als Stadthund überwiegend an der Leine geführt. Was sollte ich also lange erforschen, testen und probieren? Ich packte sie mit ihrer Mutter Cleo und ihrer Großmutter Anschi ins Auto, und ab ging's dahin, wo ein junger Teckel hingehört: ins Revier. Es ging mir gar nicht um eine großartige Ausbildungsstunde, nein, nur so als Begleitung beim Reviergang. Wie nun alle drei um mich herumtollen, lade ich den Drilling und gebe aus Neugier einen Schrotschuß ab. Die beiden Alten werfen kurz auf – na, war was? –, Donja schaut kurz und widmet sich dann weiter der Mäusesuche. Also schußfest, konstatiere ich.

Im Wald lege ich die beiden Alten ab und lasse den Dreikäsehoch herumspringen und die große weite Welt entdecken. Mir kommt eine Übung in den Sinn, mit der man auch nicht früh genug beginnen kann und die für jeden Jagdteckel lebenswichtig ist, das Folgen auf der Führerfährte. Als mich Donja überholt, sich etwa 60 bis 70 Meter von mir entfernt, springe ich in die Dickung und haste den Hang hinauf, um mich zu verstecken. Da ich höher stehe, kann ich den Hundezwerg gut beobachten, er mich aber weder sehen noch wittern, da ich über Wind bin. Zunächst tut sich nichts, dann stutzt Donja, schaut zurück, stellt fest, daß sie plötzlich allein ist (manche Hunde winseln jetzt, auch nicht schlimm), nimmt die Nase hoch, sucht links und rechts und läuft konfus und unsicher umher. Dann ruckt es, sie hat sich auf ihre Nase besonnen und zügig, Nase tief, kommt sie auf ihrer eigenen Spur zurück, überrennt meinen Absprung, kurzes Bögeln, begleitet von Winseln, dann ist sie auf meiner Fährte, kommt den Hang hochgehechelt und rennt mir fast gegen die Stiefel. Freude, Lob, Freudentänze und ein Häppchen als

Belohnung. Dieses Folgen auf der Führerfährte wird in den nächsten Tagen in verschiedenen Revierteilen weiter geübt. Später, auf der Jagd, wird dieser Hund nie verlorengehen, immer wird er versuchen, seinen Führer zu suchen und zu finden!

Während dieser Revier-, eigentlich mehr Spaziergänge, werden Übungen eingelegt wie: Leinenführigkeit, Herankommen auf Pfiff, Sitz. Alles kurz und in zeitlichen Abständen, unterbrochen von Spiel, Herumtollen und neuem Entdecken. Um zwei bis drei gar ähnliche Übungsteile zu verbinden, ist der Hund noch viel zu jung. Alles zu seiner Zeit.

Ansitz

Da das jagdliche Geschehen eines Jagdaufsehers nicht nur aus Reviergängen besteht, nehme ich die kleine Donja morgens und abends mit – natürlich nicht auf den nächtlichen Sauansitz. Anfangs benutze ich nur Tiefsitze, sogenannte Ständchen, und lasse sie bei dieser Gelegenheit das von früher schon bekannte Ablegen auf dem Rucksack üben. Rundherum ist es feucht und naß – ein typisch deutscher Sommer –, und da der abgelegte Rucksack trocken, warm und voller interessanter Düfte ist, wird er wie selbstverständlich als Unterlage akzeptiert, ja, sogar gerne in Anspruch genommen. Mein geflüstertes Platz! vervollständigt diesen Ausbildungsteil. So sitzen wir, die Hunde abgelegt, und beobachten Reh, Has' und Fuchs und erjagen Bock, Taube und Krähe. Wichtig ist beim abgelegten Hund, daß er anfangs angebunden wird,

Abgelegt unter dem Hochsitz, unangeleint, aber noch mit Halsung und Umhängeleine, d. h. Übergang von angeleintem zum freien Ablegen

also nie die Chance bekommt, sich zu entfernen. Später, wenn er frei abgelegt wird, darf man ihn nie (wirklich nie!) heranpfeifen. Ein abgelegter Hund wird *immer* abgeholt!

Ist der Hund älter und soll auf der Prüfung geführt werden, z. B. ‚Vp', übe ich folgendermaßen: Der Hund wird in unmittelbarer Nähe eines Hochsitzes, auf dem sich vorher unbemerkt eine Begleitperson versteckt hat, abgelegt. Nun entferne ich mich außer Sichtweite und unter Wind und gebe zwei Schrotschüsse ab. Sollte der Hund mucken, aufstehen, winseln oder zu folgen versuchen, bekommt er von oben eine Hand voll feinster Kieselsteine aufs Haupt. Er verknüpft: Herrchens Hand und Wille ist allgegenwärtig – Auflehnung ist zwecklos. Solcherart erzogene Hunde lassen sich fast immer bedenkenlos stundenlang ablegen und werden auf jeder Prüfung dieses Gehorsamsfach meistern, schon mit 6, 7 oder 8 Monaten!

Will der Jäger seinen jungen Jagdgesellen mit auf den Ansitz nehmen – und er sollte dies so häufig wie möglich tun –, muß er sich spätestens jetzt über Auswirkungen und Ursachen der Schußscheue und der Schußhitze im klaren sein.

Der schußscheue Hund wird geboren (genetisch bedingter Wesensmangel); der schußhitzige Hund wird erzogen! Eventuell läßt sich Schußscheue mit Einfühlungsvermögen und Training (Schießplatz) mildern, abschwächen. Gänzlich läßt sich dieser Wesensmangel aber kaum korrigieren und überdecken.

Zur Schußhitze braucht es gar nicht zu kommen, wenn der Teckel, entsprechend frühsterzogen, Sitz, Halt, Ablegen gelernt hat *und* der Führer sich nach dem Schuß auf Wild besonnen verhält. Denn nur wenn der Hund häufig direkt nach dem Schuß geschnallt wird, er also Schuß = lustiges Jagen (oder Raufen) verknüpft, wird er über kurz oder lang nach jedem Schuß unruhig, winselt, jault, zerrt und zieht, je nach Temperament und Passion, und ist schußhitzig und somit dem Jäger lästig und dem Jagderfolg abträglich.

Ein Führer, der seinem Hund die entsprechenden Befehle beigebracht hat und auch bereit ist, diese durchzusetzen, der fernerhin seinem Hund und sich selbst nach dem Schuß Ruhe gönnt, wird nie einen schußhitzigen Hund haben, sondern ihn beruhigt mit auf den Hochsitz nehmen können.

Der Kreis schließt sich: Schußruhige Hunde werden mit auf den Ansitz genommen, sie sehen und erleben viel Wild, was wiederum die Wildruhe fördert, und sie ertragen den Anblick von Wild ruhig und gelassen. Nie wird so ein gut erzogener Hund dem Jäger auf der Jagd lästig oder hinderlich, im Gegenteil: Ohne meinen Hund neben mir fühle ich mich nicht richtig ‚angezogen'. Ich sehe durch ihn mehr, höre mehr, erlebe mehr. Durch das ständige Miteinander, durch das ständige gemeinsame Jagen kann sich erst der gewünschte Jagdverstand beim Teckel entwickeln, Grundlage jeder fruchtbaren jagdlichen Teamarbeit!

Spurlaut

Dreizehn Wochen war unsere kleine Donja jung, und in knapp zwei Wochen würde ich sie endgültig abgeben müssen. Obwohl in der Tat noch ein bißchen jung, wollte ich einmal den Spurlaut testen – Ehrgeiz hatte mich gepackt und die Frühsterziehungseuphorie nach der Devise, daß Anlagen frühzeitig geweckt und gefördert werden müssen.

Als der liebe Gott den Hasen erschaffen hat, muß er schon mit dem Teckel geflirtet haben, heißt es bezeichnend. Wirklich: Der Hase ist für uns Teckelleute das Wild schlechthin. Eine kurze Hasenjagd fördert die Nase, Spurlaut, Spurwillen, Passion, gibt Lunge und Ausdauer und ist – Gott sei Dank – fast noch überall zu haben. Bei Sturm und Regen (Donja 13 Wochen und einen Tag alt!) nahm ich sie mit und suchte in der Abenddämmerung einen passenden Mümmelmann, den ich auch fand. Ein Bögeln, Herumgerenne, die Rute aufgeregt hin und her, dann ein Folgen exakt auf der Hasenspur. Und dort, wo Lampe einen Kegel gemacht, das Terrain sondiert hatte, um dann rechtwinklig die Dickung anzunehmen, dort, genau dort stand mein Hündchen und machte „jäff-jäff-jäff". Um den Spurlaut war mir nun nicht mehr bange. Am nächsten Tag war ich wieder dort, Donja war schon bei Annäherung zur Wiese nicht mehr zu halten (siehe Schleppelegen, anfangs die gleiche Stelle aufsuchen!). Sie hatte bereits begriffen, worum es ging. Dem ersten Hasen dieses Abends folgte sie in die Dickung und sagte zweimal „jäff"; beim zweiten Hasen waren es schon 20 Meter Gejiffe, und dann beim dritten, mein Jägerherz jubelte: Entlang einer Wiese, parallel zur Straße, folgte sie spurlaut an die 100 Meter! Jägerherz, Züchterstolz, Frühsterzieher, was willst du mehr?

Im Alter von vier Monaten machte diese Hündin in meinem Beisein die ‚Spurlautprüfung-Jugend' mit 100 Punkten. Der Führer war stolz, ich nicht minder.

Erwähnenswert erscheint mir bei der Einarbeitung des Spurlautes folgendes: Anfangs die gleiche Stelle aufsuchen, da junge Hunde so, wenn sie einmal Erfolg gehabt haben, besser verknüpfen; möglichst nicht am Rehwild jagen lassen; absolut nie an Kaninchen üben; dort, wo der Hund geschnallt wurde, warten, der Hund muß zurückkommen. Sollte er sich einmal verjagen und man muß aufgrund irgendwelcher Umstände fortgehen, immer etwas für den Hund Bekanntes, eine Decke, Rucksack o. ä. am Ausgangspunkt liegen lassen. Es ist auch nicht unbedingt verkehrt, einen Hasen in die Dickung hinein arbeiten zu lassen, sofern kein Rehwild da ist. Dies kann eine gute Vorbereitung auf die Stöberarbeit sein, hat jedoch den Nachteil gegenüber dem freien Feld, daß man die Spur des Hasen mit den Augen nicht verfolgen kann, man hat also keine Kontrolle.

Einige Beobachtungen, über die in der Literatur nichts zu finden ist, möchte ich dem Leser nicht vorenthalten. Anläßlich einer Treibjagd jagt der Teckel fährtenlaut am Rehwild oder er verdrückt sich auf einem Spaziergang, um am Hasen zu jagen, was er ja, da Spaziergang, auch nicht soll. Es wird hinterhergebrüllt und geschrien: „Pfui! Aus! Hierher ...“; der Hund verstummt, jagt aber weiter. Oft habe ich erlebt, daß die laute Jagd an mir vorbeiging, ich abpfiff, darauf die Hunde stumm weiterjagten. Dies kann heißen und bedeuten, daß der Spurlaut eine Art Mitteilungslaut ist oder aber, daß das ‚schlechte Gewissen‘ den Spurlaut vorübergehend hemmt und unterdrückt. Ich vermute sogar beides und bin der Meinung, daß, wenn man jungen Hunden des öfteren die laute Jagd verleidet (fremdes Revier, Spaziergang), diese später eventuell Probleme mit dem Spurlaut haben können, dieser also verflacht, vielleicht gar nicht zum Durchbruch kommt. Also: Nicht nur frühzeitig erziehen, sondern auch angewölfte Anlagen wecken, fördern, festigen, veredeln!

Ein Phänomen scheint sich in den letzten Jahren immer mehr zu bestätigen: daß ein direkter Zusammenhang besteht zwischen genetisch gefestigtem (lockerem) Spurlaut einerseits und mangelnder Raubwildschärfe andererseits. Einseitig in der Zucht nur auf Spurlaut zu achten, heißt Wildschärfe vernachlässigen mit all den negativen Folgen für den jagdlichen Gebrauchshund! Jedoch scheint hier noch viel Aufklärungsarbeit nötig.

Übungsfährte

Ohne viel Aufhebens ist unser Teckel von der Sozialisierungs- in die Rangordnungsphase gedackelt, die von der 13. Woche bis ungefähr zum 6. Monat dauert. Er hat nicht viel und wir schon gar nichts gemerkt. Noch nicht. In der 12. Woche ließen wir ihn gegen Tollwut impfen, da er ja nun häufig mit ins Revier genommen wird und auch Kontakt zu allerlei Wild hat. Aus den Futterschleppen wurden langsam Tupffährten von ein paar Hundert Metern Länge mit Stehzeiten von einigen Stunden. Richtige künstliche Schweißfährten legen wir ihm jetzt, mit Haken, Wundbetten und Kurven. Wichtig ist, daß der Führer *immer* weiß, wo es langgeht, er also seine Fährten gut markiert und auf den Zentimeter genau zu halten imstande ist. Mal nehmen wir Wildschweiß, mal Rinder- oder Hammelblut. Auch Schwarzwildschweiß sollte es mal sein, denn manche Hunde lieben ihn nicht besonders. In diesem Alter wird vom Schweißteckelausbilder viel Fingerspitzengefühl verlangt, denn bei dieser schwierigen, den Teckel ermüdenden Aufgabe sollten wir ihn nicht überfordern. Grundsatz: Stehzeiten bedenkenlos, Fährtenlänge nur langsam verlängern. Unser Teckel ist ja schließlich noch nicht ausgewachsen. Futterschleppen, Tupffährten, genau wie jetzt die künstlichen Fährten, sollen im Schwierigkeitsgrad langsam gesteigert werden, und die nächstschwierigere Stufe wird nur angegangen, wenn die leichtere sicher beherrscht wird. Überforderung (oft ein Argument der Gegner der Frühsterziehung), insbesondere beim jungen Hund, ist unbedingt zu vermeiden. Die Steigerung des Schwierigkeitsgrades 1 bis 4 ist nur als Anhalt und Empfehlung anzusehen.

Darstellung 1. Futterschleppen. 1–4: Vom Einfachen zum Schwierigen

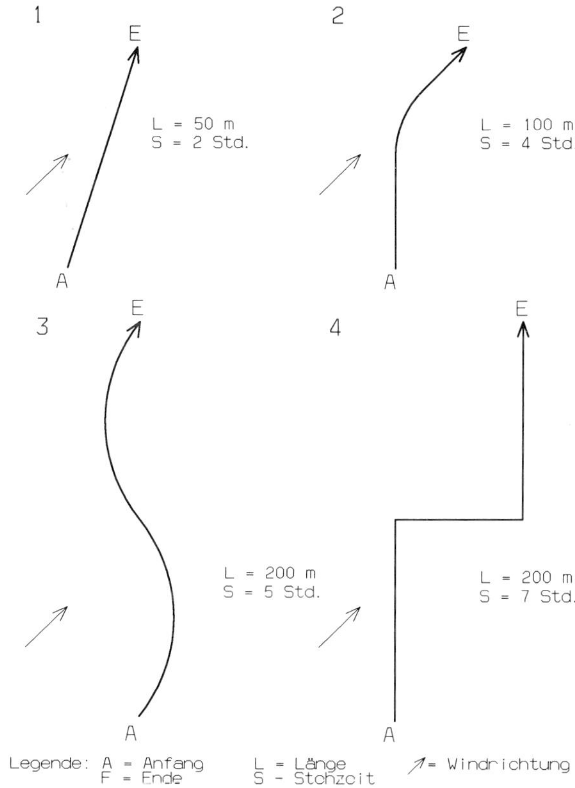

Immer, und dies ist ganz wichtig, muß am Ende der Fährte etwas für den Hund ganz Interessantes liegen, was er auch in Besitz nehmen darf und soll. Meiner besten Schweißteckelhündin, Anschi, gab ich nach dem großen Happen (Genossen machen!) immer einen Rotwildlauf, den sie den ganzen Weg zurück bis zum Auto apportierte und dann zu Hause stundenlang daran herumknabberte. Ich hatte den Eindruck, ihr so den Nachsuchenerfolg noch mehr ‚versüßen' zu können.

Da Hunde, auch die jungen, ein phänomenales Gedächtnis bezüglich Jagderfolg und Beutemachen besitzen, sollten die Übungsfährten unbedingt jedesmal in anderen Revierteilen, besser noch in verschiedenen Revieren durchgeführt werden. Hunde, genau wie Füchse, von denen habe ich die Erfahrung, merken sich haargenau und über Jahre hinweg, wo sie ein Jagderlebnis hatten und Beute gemacht haben.

Wenn der Jäger mit dem jungen Hund fleißig übt, wird er meistens während der Schweißarbeit erstmals feststellen, daß der Hund ihn irreführen, eigentlich sich durchsetzen will. Er fordert auf irgendeine Weise die Entscheidung, wer denn nun der Klügere, der Bessere, der Ranghöhere sei. Dies ist in der Regel kein Kampf, es wird nichts ausgetragen, schon gar nicht gebissen – sofern bisher alles zwischen Herr und Hund gestimmt hat –, jedoch es ist eine Art Rivalität zwischen beiden. Ich habe nie Probleme mit der Rangordnungsphase gehabt, immer habe ich mich mit noch größerer Geduld und Konsequenz bis zur Sturheit gegenüber meinem Waidgesellen durchsetzen können. Ohne laut zu werden, ohne zu strafen.

Ein Wort zum sogenannten Kopfhund. Führer, die diesen Begriff häufig in den Mund nehmen, wissen meistens nicht zu erklären, was ein Kopfhund überhaupt ist. Man hat den Eindruck, sie entschuldigen mangelnden Gehorsam und blanke Unartigkeiten mit Kopfhundeigenschaften. Ein Kopfhund kann ja nur ein Hund in einem Rudelverband sein, der eine A-Stellung innehat. Wenn im Minirudel Führer – Hund nicht der Mensch, sondern der Hund das Sagen hat, ist der Hund noch lange kein Kopf-, also A-Hund, der Mensch höchstens ein wenig kopflos. Natürlich gibt es Hunde mit wahren Dickschädeln; sture Hunde, solche mit – Verzeihung – mehr ‚Persönlichkeit'. Diese mögen in gewissen Situationen schwieriger zu führen sein, hat sich aber ein Gespann, ein Team gebildet, ist das Jagen mit solchen Hunden eine wahre Lust!

Halt!

Parallel zur Spurlaut- und Schweißübung und in Erweiterung des Herankommens auf Pfiff, Sitz und Ablegen wird jetzt auch das Halten („Halt") auf Ruf, Trillerpfiff und Armzeichen geübt. Strenge Führer üben auch mit dem Teckel die Downlage, also das flache Hinlegen und Ausharren. Bei mir genügt das Sitzenbleiben des Hundes, dies aber sehr konsequent. Halt (Down) ist die äußerste Form der Unterordnung. Mit senkrecht hochgehaltener Hand, Trillerpfiff und/oder dem Ruf „Haaalt" zwingen wir ihn zu augenblicklicher und mit Härte durchzusetzender Halt-(Sitz-)Lage. Im Gegensatz zum Ablegen darf der Hund aus dieser Lage durch Ruf oder Pfiff abgerufen werden. Das Halt dient nur dazu, unseren Willen durchzusetzen und den Hund von einer unerwünschten Handlung abzuhalten, z. B. Hasen oder Rehwild hetzen. Anfangs, eventuell mit einer Hilfsperson, die schon mal mit einer kleinen Gerte im Notfall einwirken kann, gehen wir um den in Halt liegenden/sitzenden Hund herum, rennen an ihm vorbei, springen über ihn rüber – er muß begreifen, was immer auch passiert, ich muß liegenbleiben. Entsprechend geübt, haben meine Teckel dies alle schnell begriffen, auch ohne Teletaktgerät.

Wenn der Führer sich und seinem Junghund etwas ganz besonders Gutes antun will, sollte er mit seinem Hund 14 Tage Urlaub machen. Urlaub auf dem Bauernhof – mit Jagdgelegenheit ist ideal. Ich habe so etwas einmal mit meiner Anschi gemacht, in der Lüneburger Heide. Es war super!

Hand Hoch: ‚Halt', heißt gehorchen und unterordnen. Hier als Unterordnungsübung beim Training des Ablegens

Zu Beginn des Urlaubs habe ich mit ihr ‚noch schnell' die Spurlautprüfung absolviert, mit sechs Monaten. Bei der Ankunft auf dem Hof sprang der Hund aus dem Auto und hatte eine Jungkatze am Wickel. Am liebsten wäre ich sofort wieder fortgefahren. Doch das Bauernhofpensionsehepaar bewies Großmut und Verständnis.

Dann habe ich 14 Tage mit dem jungen Hund geübt und gejagt, gejagt und geübt: Kunstfährten gearbeitet, Eichelhäher geschossen und apportieren lassen, Krähenschleppen gelegt, Hasenspuren am langen Riemen ausgearbeitet, Rehbock geschossen, Rotwild beobachtet, Sau geschossen, wieder Fährten gelegt. Der Hund war immer dabei. Es war herrlich! Am Ende der beiden Wochen bin ich von dort aus direkt zu einer Vielseitigkeitsprüfung gefahren, die der Hund nicht mit Leichtigkeit, aber souverän bestanden hat. Mit sechseinhalb Monaten! Gibt es einen besseren Beweis für den Erfolg richtig angewandter Frühsterziehung?

Erziehungsfahrplan

Da unser Hund jetzt fast alles kann, was er können sollte, er zumindest weiß, worauf es ankommt, ist alles andere nur noch Üben, Festigen, Verfeinern, Erfahrung sammeln. Deshalb zum Schluß der Frühsterziehung eine Art Erziehungsfahrplan, orientiert an einem Frühjahrswurf (Wurfzeit Februar bis April):

- Bis zur Abgabe in der 8., 9. Woche: Benehmen im Haus, Stubenreinheit, Herankommen auf Pfiff, Sitz, Gewöhnung an Halsung, erste Futterschleppen;
- bis 13. Woche: Leinenführigkeit, Folgen auf der Führerfährte, Ablegen, Schußfestigkeit, Kontakt mit erlegtem Wild, Mitnahme ins Revier, Ansitz, Schleppen, einfache Kunstfährten;
- 13. Woche bis ungefähr 6 Monate: Spurlaut üben, Kunstfährten, Ablegen, Halt; im Herbst des 1. Jahres: Spurlautprüfung/Jugend;
- Herbst und Winter des 1. Jahres: Schweißfährten üben, eventuell erste einfache Natursuchen;
- im Frühjahr: Schweißprüfung, sofern der Hund 12 Monate alt ist;
- Spätsommer/Herbst: Vielseitigkeitsprüfung, Stöberprüfung;
- Herbst/Winter: Baueignungsbewertung.

Mit knapp zwei Jahren hat man also einen fertigen, zur Jagd brauchbaren Teckel. Natürlich kann durch Umstände wie Krankheit, Unfall, Hitze der Hündin, Zahnwechsel, Unerfahrenheit des Führers der eine oder andere Rückschlag eintreten und die Gesamterziehung verzögern. Aber mit zwei Jahren ist der Hund im Prinzip ausgebildet, nachhaltig erzogen. In einem Alter, wo andere, Unverbesserliche, erst mit einer Erziehung beginnen, die sich dann bezeichnenderweise Abrichtung, Dressur, ja Parforcedressur nennt.

Natürlich soll man von so einem jungen Teckel noch keine Höchstleistungen erwarten oder fordern. Dies wird erst möglich sein, wenn er entsprechend frühsterzogen ist, genügend Erfahrung gesammelt *und* sein individuelles Reifealter erreicht hat. Höchstleistungen sind also an das Reifealter gebunden. Frühsterziehung läßt man sowohl früh- als auch spätreifen Hunden angedeihen, sie orientiert sich ausschließlich an den Entwicklungsphasen des Hundes! Artgemäße, angepaßte Frühsterziehung ist der natürliche Weg zum nachhaltigen Erfolg!

Prüfungsvorbereitung

Prüfung – ja oder nein?

Bevor sich der Jäger zu Gebrauchsprüfungen entschließt und den Hund und sich darauf vorbereitet, erhebt sich mitunter die Frage, ob Prüfungen überhaupt sein müssen. Prüfungen ja oder nein – hier scheiden sich – manchmal – die Geister.

Dabei wird, objektiv betrachtet, erst mit Bestehen einer oder mehrerer Prüfungen aus einem Dackel (Wald- und Wiesen-Waldi, Schmusehund, Sofateckel, wie immer man will) ein Jagdhund. Nicht die garantiert ‚jagdliche Abstammung', nicht das bloße Mitnehmen zur Jagd, nicht die allen bekannt guten Treiberdackeleigenschaften sind es, die den Jagdhund ausmachen, sondern – und so fordern es Gesetzgeber und Versicherungen – die objektiv nachgewiesene Brauchbarkeit, sprich Jagdeignungsprüfung der Landesjagdverbände/Jagdgebrauchshundevereine oder eine Gebrauchsprüfung des DTK oder VJT.

Die Frage DTK/VJT-Prüfung oder Jagdeignungsprüfung ist immer dahingehend zu beantworten, wo den Belangen, Schwerpunkten und auch Grenzen des Teckels Rechnung getragen wird, und das ist immer eine Prüfung der beiden Zuchtvereine des Teckels, also DTK oder VJT. Jagdeignungsprüfungen stellen nur einen Kompromiß dar, der für den kleinen Waldgebrauchshund schlecht aussieht, da zu sehr den Belangen der großen Gebrauchshunde Rechnung getragen wird.

„Mein Teckel braucht keine Prüfung, der hat jeden Tag Prüfung", sagte mir neulich ein Jäger. Diese Antwort auf meine Frage, warum er denn keine Prüfungen mit seinem Hund mache, war genauso dümmlich (weil nachgeplappert) wie falsch. Er war Jungjäger – der Jugend verzeihe ich so etwas.

Jeder Jäger sieht in seinem Hund den mehr oder minder brauchbaren Jagdhelfer, verklärt durch eine grün-rosa Brille. Nur die praxisnahe Prüfung, abgelegt vor drei unabhängigen erfahrenen Richtern (Jäger, Teckelführer, oft auch Züchter), gewährleistet den Nachweis der objektiven Brauchbarkeit.

Aber auch handfeste Gründe sprechen für eine Prüfung: Im Rahmen der Jagdhaftpflichtversicherung sind bis zu zwei (manchmal auch drei) Jagdhunde mitversichert. Jagdhund heißt hier aber (kleingedruckt!), daß es sich nicht nur um eine Jagdhunderasse handeln muß, sondern daß dieser auch bis zum Alter von zwei Jahren seine jagdliche Brauchbarkeit (Prüfung) nachgewiesen haben muß!

Von der Hundesteuer (einer nicht gerade geringen Gemeindesteuer) kann ein Jagdausübungsberechtigter sich befreien lassen, sofern sein Hund Jagdhund und jagdlich brauchbar ist. Jagdlich brauchbar heißt in der Regel, der Hund muß eine Prüfung ‚nach dem Schuß' absolviert haben. Man kann also auch durch Prüfungen Geld sparen!

Für einige Jagdarten schreibt der Gesetzgeber brauchbare Hunde vor, z. B. § 30 LJG/NRW: „Bei der Such-, Drück- und Treibjagd, bei jeder Nachsuche auf Schalenwild sind brauchbare Jagdhunde zu verwenden."

Der schönste und beste, der ehrlichste Grund eines Jägers, sich einem objektiven Leistungswettbewerb zu stellen, ist die Verpflichtung gegenüber dem jagdlich orientierten Züchter. Wie sonst kann der Züchter ermitteln, ob eine Verbindung gut oder schlecht ist, ob all seine finanziellen und ideellen Aufwendungen und Aktivitäten erfolgversprechend sind oder nicht? Es spricht also vieles für, nichts aber gegen eine Gebrauchsprüfung!

Spurlautprüfung

Für alle Prüfungen des DTK/VJT gilt, daß man sich rechtzeitig verbindlich anmeldet, sein Nenngeld zahlt, am Prüfungstag die Ahnentafel samt Tollwutimpfzeugnis (Impfbuch) mitbringt. Spätestens jetzt sollte man sich um eine Prüfungsordnung des Vereins bemühen, bei dem man später dann auch die Prüfungen absolvieren will. Ob DTK oder VJT, hängt im wesentlichen davon ab, ob man den Hund von einem DTK- oder VJT-Zwinger erworben hat und in welchem Verein der Führer Mitglied ist.

Bevor im Deutschen Teckelklub und im Verein Jagd-Teckel der Hund überhaupt zur Spurlautprüfung (Sp) zugelassen wird, muß er die Schußfestigkeit nachgewiesen haben. Ein furchtbares Wort! Es geht darum, daß der Hund nicht schußscheu oder schußängstlich ist. Dazu schickt ihn sein Führer 30 bis 50 Meter voran (der Hund muß sich vom Führer entfernen, so daß dieser nicht mehr auf ihn direkt oder indirekt einwirken kann); auf zwei Schrotschüsse in die Luft darf er keine Angst zeigen, sich nicht verkriechen oder ängstlich fortlaufen.

Der Jäger unterscheidet Spur- oder Fährtenlaut, je nachdem ob Laut auf Spur (Nieder- oder Raubwild) oder Schalenwild, das ja eine Fährte zieht. Der Brackenjäger spricht auch beim Hasen und Fuchs von einer Fährte. Dann unterscheiden wir den Sicht- und Hetzlaut, also das Lautgeben nur auf Sicht, den Stand- und den unerwünschten Waidlaut. Immer wenn ein Hund ein Stück Wild gestellt hat und verbellt (auch die Katze auf dem Baum), sprechen wir vom Standlaut, der meistens sehr gut von allen Lautarten zu unterscheiden ist. Waidlaute Hunde geben Laut, ohne auf einer Spur oder Fährte zu sein, noch haben sie irgend etwas zu verbellen. Es ist eine Art Überpassion, sie ‚lügen', wie es manche Brackenführer so treffend nennen. Hunde mit diesem Wesensmangel werden von allen Gebrauchsprüfungen ausgeschlossen – sie sollten auch von der Zucht ausgeschlossen werden.

Der Spurlaut ist die wertvolle Anlage aller brackenartigen, also fast aller Waldhunde.

Aus diesem Grunde sollte der verantwortungsvolle, einsichtige Jäger ihn auch als solche akzeptieren und nicht nach Punkten, Preisen und Pokalen trachten, obwohl dies im DTK noch so üblich ist. Hoffentlich nur noch eine Frage der Zeit, denn einige Anzeichen sprechen dafür, daß auch dort bald Punkte und Preise abgeschafft werden, der Nachweis der Anlage Spurlaut sollte dann genügen, wie es im VJT schon Praxis ist.

Da wir bei unserem Junghund den Spurlaut schon festgestellt haben, wird nicht mehr weiter in diesem Fach trainiert, da außerdem auf Schweiß geübt werden soll. Zu vieles Üben am Hasen macht den Hund nur wild, er will dann nichts anderes mehr jagen, und im Fach Schweiß wird ja Ruhe und Konzentration verlangt.

Ganz kurz vor der Spurlautprüfung suchen wir uns quasi als Generalprobe noch einmal einen ‚Idealhasen', d. h. einen Hasen, den der Hund auf gar keinen Fall gesehen haben darf und dessen Fluchtstrecke wir möglichst weit genau verfolgen können. Nachdem der Hase verschwunden ist, setzen wir den Teckel an und – spurlaut jubelnd geht es hinterher. Mit gutem Gefühl können wir ins Prüfungsrevier fahren.

In breiter Front gehen die Prüflinge, Führer, Helfer und Richter über Felder und Wiesen. Geht ein Hase hoch, wird auf Aufforderung eines Richters ein Hund in der Nähe der Sasse angesetzt. Viele Führer machen den Fehler, den Teckel direkt in die noch warme Sasse zu setzen. Dort ‚dreht' häufig der Hund fast durch und geht mit der Duftwolke in die verkehrte Richtung ab. Kurz hinter der Sasse, in Fluchtrichtung des Hasen angesetzt, soll er die Hasenspur aufnehmen und dieser lauthals folgen. Wie beim Üben schon beobachtet, gibt der Teckel nur Laut, wenn er auf der Spur ist. Nase, Spurlaut, Spurwillen und Spursicherheit werden bewertet, indem jedes Fach eine Fachwertziffer hat, welche mit der Leistungsziffer (1 bis 4) multipliziert wird.

Ein jeder sollte bei der Einschätzung seines Hundes berücksichtigen, daß ein Teckel, der im Wald beim späteren Stöbern einer Hasenspur nur 50 Meter in die Dickung folgt und dann umkehrt, für die ‚laute Jagd' untauglich ist. Mehrere Hundert Meter sollte der Teckel der Hasenspur also schon folgen.

Da kaum etwas schwieriger ist für den Menschen, als die Hasenspur ‚geruchlich' und die Nasenleistung des Hundes zu beurteilen, ist der Preis der ‚Sp' mehr oder weniger Glückssache. Die Richter können die Länge der Arbeit messen, den Laut hören, die Fährtensicherheit ermessen, den Willen beurteilen, aber die eigentliche Nasenleistung, die können sie nur vermuten. Hasen – Häsin oder Rammler –, Stehzeit der Spur, Wind, Feuchtigkeit, Bewuchs, Trockenheit, gedüngter Boden usw., alles dies spielt eine, vielleicht die entscheidende Rolle beim Beurteilen der Nasenleistung am Hasen. Wie ‚genügsam' wir schon im Fach Spurlaut geworden sind, mag die Tatsache verdeutlichen, daß wir bei unseren Teckeln im DTK ab 400 Meter Spurlautarbeit mit glänzenden Augen auf einen 1. Preis hoffen können. In Finnland habe ich

Bracken erlebt, die haben 2 bis 3 Stunden an einem Hasen gejagt, und dies wurde als ganz ,normal' angesehen.

Wenn der Hund also sehr weit, bis zum Horizont dem Hasen folgt, pfeifen und brüllen Sie nicht – freuen Sie sich. Der Hund kommt zurück, denken Sie an das Folgen auf der Führerfährte. Haben Sie die ,Sp' bestanden, egal mit welchem Preis, freuen Sie sich ebenfalls. Alles andere ist Nebensache.

Das Leistungszeichen ,Sp' ist Voraussetzung zur Teilnahme an der Baueignungsbewertung und der Stöberprüfung. Unter zwölf Monaten erhält der Teckel das beliebte, begehrte und für die Zucht wertvolle ,Sp/J'-Jugend.

Schweißprüfung

Richtigerweise müßte diese Prüfung ,Schweißprüfung auf künstlicher Übernachtfährte' (SchwhK) genannt werden. Läßt man die Verbandsschweißprüfungen einmal außer acht und vergleicht die Schweißprüfungen anderer Zucht- und Jagdhundverbände, wird klar, daß man dem kleinen Waldgebrauchshund Teckel einiges zumutet.

Auf zwölf Monate haben der DTK und VJT das Mindestalter heraufgesetzt, ein ,Jugend' gibt es hier also nicht. Ich halte dies als Verfechter der Frühsterziehung für nicht sehr sinnvoll und glaube nicht, daß damit dem ,sportlichen' Aspekt im Gebrauchshundewesen ein Riegel vorgeschoben wird.

Die mit einem Viertel Liter Wildschweiß getupfte oder getropfte Fährte ist bis zu 1200 Meter lang, muß drei möglichst rechtwinklige Haken aufweisen, die wiederum als Wundbetten im Boden und mit Schnitthaaren (!) markiert sind. (Im VJT wird die Fährte zusätzlich mit dem Fährtenschuh getreten; ansonsten im wesentlichen wie im DTK.) Zweimal darf der Hund von der

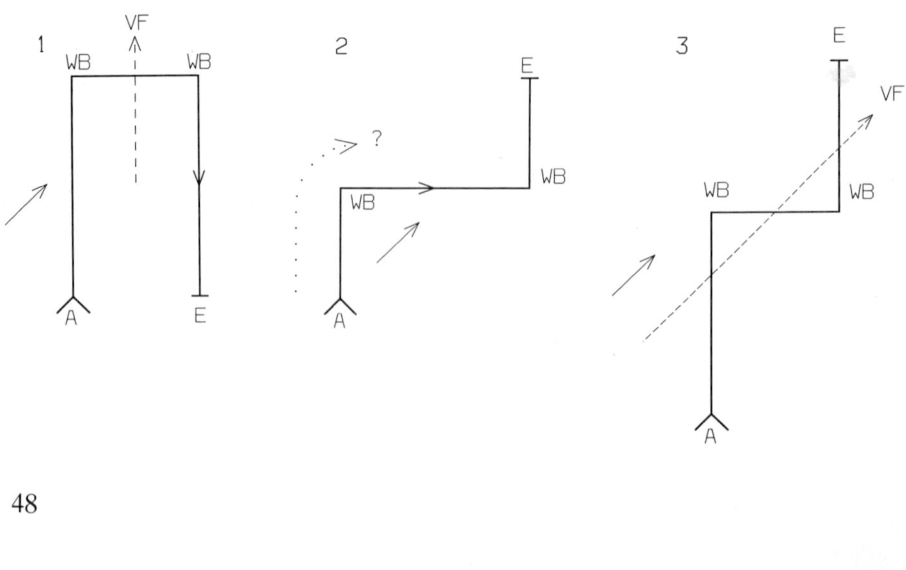

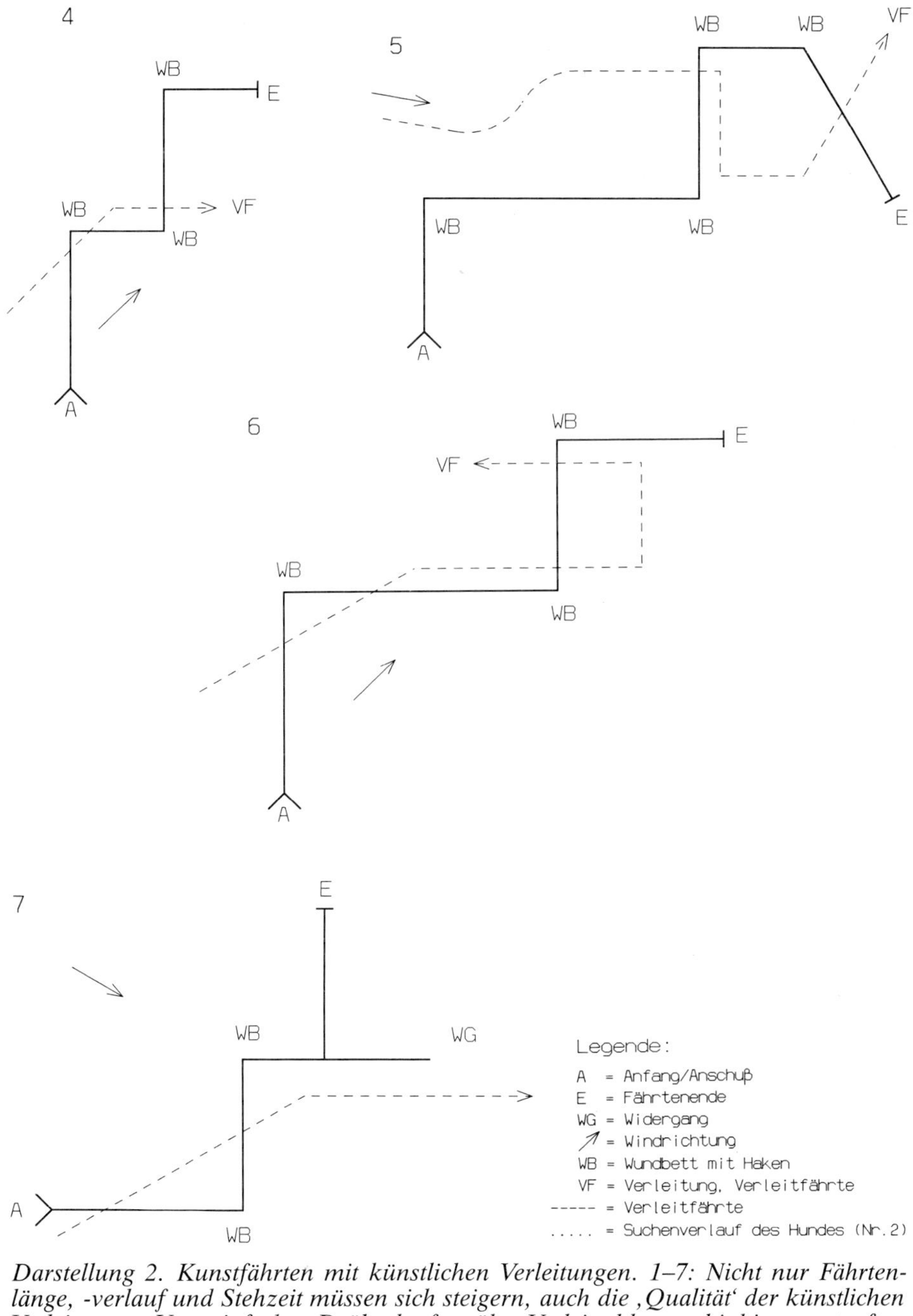

Darstellung 2. Kunstfährten mit künstlichen Verleitungen. 1–7: Nicht nur Fährtenlänge, -verlauf und Stehzeit müssen sich steigern, auch die ‚Qualität' der künstlichen Verleitungen: Vom einfachen Drüberlaufen, über Verleitschleppen bis hin zu getupften Fremdfährten

Übungsfährte. Anschuß vor einer Dickung, der Teckel bewindet, untersucht . . .

. . . saugt sich fest . . .

. . . und wird für die hoffentlich gute Nachsuche auf der Kunstfährte belohnt, genossen gemacht

Fährte abkommen, der Führer aber selbst zurückgreifen, d.h., er legt den Hund dort wieder zur Fährte, wo er zuletzt sicher Schweiß gefunden und markiert hat. Kein Fach ist so sehr Teamarbeit wie die Nachsuche, weshalb man auch von Nachsuchen-Gespannen spricht. Tandem wäre noch richtiger, denn nicht der eine führt und der andere zieht, sondern beide sollten als Einheit dasselbe tun: ans Stück kommen. Einerseits soll der Hund suchen, andererseits muß der Führer eingreifen, wenn er glaubt oder sicher ist, daß der Hund abgekommen ist. Wirklich keine leichte Arbeit.

Die wichtigsten Punkte bezüglich des Übens auf der künstlichen Fährte habe ich schon im Kapitel Frühsterziehung angesprochen. Jetzt, kurz vor der Prüfung, ist es wichtig, daß wir uns in allen Teilen den Zielen und Schwierigkeitsgraden (Länge, Stehzeit, Schweißmenge) der Prüfung nähern.

Häufig wird vergessen, daß auch der Bewuchs, das Gelände und die Witterung Schwierigkeiten bereiten. Selbstverständlich fangen wir mit einfachen Fährten in gut begehbarem Gelände bei entsprechender Witterung an. Aber der zukünftige Schweißteckel muß auch gelernt haben, schwieriges Gelände (Dickung, Windwurf) und feuchte Witterung (Regen, nasses Terrain) zu überwinden, um ans Stück zu kommen. Immer wieder passiert es, daß Teckel auf Schweißprüfungen versagen, weil der Führer zu wenig, mit mangelnder Phantasie und auch mit wenig ausgeprägtem ‚Prüfungswillen' (Ehrgeiz) geübt hat. „Beim Üben bin ich nie durch eine Dickung durch ...“; „... ich üb' doch nicht bei Regen ...“

Doch nicht nur den Zielen und Eigentümlichkeiten einer künstlichen Übernachtfährte muß man sich nähern, wir müssen auch künstliche ‚Klippen', also Verleitungen provozieren, um dem Ernstfall so nah wie möglich zu kommen. Immer sollten wir unseren Teckel dazu anhalten, genau auf der Fährte zu suchen, allenfalls gestatten, unter Wind ein wenig vom Fährtenverlauf abzuweichen. Aus der Darstellung 2,2 (Seiten 48/49) ersieht man, was passieren kann, wenn der Hund über Wind neben der Fährte läuft und dann logischerweise den in Windrichtung verlaufenden Haken überschießt. Kleine Ursache – nur eine kurze Strecke, ein paar Meter neben der Fährte – doch große Wirkung mit fatalen Folgen.

Auch die Beispiele in Darstellung 2 sollen lediglich einen Anhalt bieten und dem Führer zeigen, daß man nicht nur bei der eigentlichen Schweißfährtenanlage, sondern auch beim Einfügen von Verleitungen möglichst viel Phantasie entwickeln sollte. Je mehr Phantasie, je näher kommen wir den Klippen in der harten Praxis – und dies ist ja das Ziel: Nicht prüfen um des Prüfens willen, sondern ausbilden, üben und prüfen, um für den Nachsucheneinsatz einen brauchbaren Hund zu bekommen.

Jetzt ist der Zeitpunkt gekommen, einen Freund (möglichst einen erfahrenen Nachsuchenmann) zu bitten, eine Fährte zu legen, so daß auch der Führer mindestens einmal unter Prüfungsbedingungen gearbeitet hat.

Durch das fleißige Üben kennen wir unseren Hund, er zeigt – vielleicht –, wo er faselt, bögelt oder unsicher ist. Wir sollen auf ihn einwirken, ihn unterstützen. Besonders bei Verleitfährten, die dem Hund zu schaffen machen, empfiehlt es sich, auch einmal vorzugreifen, d. h., wir nehmen den Hund auf den Arm und tragen ihn über die Verleitungen, z. B. Gebräch von Sauen. Haben wir Schweiß gefunden, loben wir unseren Hund; sind wir unsicher, ermuntern wir ihn mit „zur Fährte, mein Hund, brav zur Fährte ...“. Am Wundbett oder an Stellen, wo er uns etwas verweist, uns etwas ‚zu sagen' hat, lassen wir ihn Halt machen, sich sammeln und konzentrieren uns auf den nächsten Abschnitt. Gerade am Wundbett ist es wichtig, den Hund zu versammeln, damit er nicht überschießt, denn wir wissen ja, im Gegensatz zur Naturfährte, daß es hier irgendwo ‚möglichst rechtwinklig' abgeht, und drei Haken müssen erst gemeistert werden. Spielt der Hund aus irgendeinem Grund ‚verrückt' (z. B. vor uns fortziehendes Wild, abgehender Hase), machen wir Halt, nein, rauchen keine Zigarette, sondern lesen in Ruhe den Abschnitt dieses Büchleins durch, dann wird sich der Hund wieder beruhigt und auf seine Aufgabe besonnen haben. Kritisch sind Stellen entlang von Dickungen, in die morgens Wild gezogen ist und aus denen der Wind steht. Meistens will der Teckel dann mit hoher Nase ans Wild. Auch diese Klippen müssen gemeistert werden, denn die Fährtenleger werden ja nicht unbedingt in so eine dichte Dickung gezogen sein.

Überhaupt trennt sich bei Hund und Führer ja die Spreu vom Weizen, wenn es erst ans Arbeiten von Übernachtfährten geht. Euphorisch lobt der Erstlingsführer seinen Hund nach den allerersten Übungsfährten, und dann, nach der ersten ‚richtigen' Fährte, über die nächtens allerlei Schalenwild gezogen ist, dann kommt der große Nachsuchen-Kater. Nur Führer, die mit

Geschafft! Am Stück! Ob es zum Bestehen der Schweißprüfung gereicht hat?

Geduld, Ruhe, Besonnenheit und ‚Fährtenwillen' auch das Auf und Ab, das Himmelhoch-Jauchzend und Zu-Tode-Betrübt zu überstehen imstande und willens sind, werden auf der Schweißprüfung eine Chance haben. „Also weiter, mein Hund, zur Fährte ...", „... so ist's recht ...". Der Führer sieht das abgelegte Reh, das Ende der Fährte ist in Sicht, er wähnt sich sicher – und der Hund zieht am Stück vorbei.

Arbeiten Sie konzentriert bis zum Stück, sofern Sie reine Riemenarbeit und keine Verbeller- oder Verweiserarbeit angekündigt haben. Wenn dann ‚Reh tot' erschallt, der Richterobmann Ihnen den Bruch überreicht, dann können Sie sicher sein, das Leistungszeichen SchwhK errungen, einen kleinen Schweißteckel am Riemen zu haben. Seien Sie stolz darauf, aber nicht eingebildet. Natursuchen sind ungleich schwieriger!

Stöberprüfung

Obwohl ich die Stöberprüfung (St) des DTK (der VJT kennt keine extra Stöberprüfung, das Fach Stöbern ist dort ein Teil der Gebrauchsprüfung ‚GP') hier behandele, empfehle ich, sie erst *nach* der Vielseitigkeitsprüfung durchzuführen, denn die Schweißarbeit ist auch innerhalb der ‚Vp' Hauptfach, und allzu häufiges Stöbern und ‚lautes Jagen' ist der Nachsuchenarbeit nicht förderlich.

Bevor ich auf die eigentliche Prüfung eingehe, möchte ich vorab einige Begriffe geklärt wissen, um die es immer wieder Verständigungs- und Interpretationsprobleme gibt und gegeben hat: *Buschieren* ist das kurze, suchende Jagen des Hundes unter der Flinte. Der Hund muß absoluten Gehorsam mitbringen und darf/soll den Bereich der Schrote nicht verlassen. Außerdem soll er sich gut führen, d. h. durch Ruf, Pfiff, besser noch Wink und Handzeichen lenken und dirigieren lassen. Geschossenes Wild wird von ihm apportiert. Den Teckel halte ich aus diesen Gründen *nicht* für den idealen Buschierhund. Trotzdem kann man es mit ihm versuchen. Vor Jahren habe ich mit einem Freund im Bayerischen Wald entlang eines Bahndammes mit meiner Rauhhaarteckelhündin Issi auf Fasane und Eichelhäher (wirklich) buschiert, es war ein Vergnügen!

Im Gegensatz zum Buschieren findet das *Stöbern im Dunkeln* statt, d. h., der Hund muß sich weit vom Führer entfernen und in der dunklen Dickung allein das Wild suchen, heben und lauthals Fährte oder Spur folgen. Die Stöberarbeit verlangt vom Hund Eigeninitiative, ‚Jagdverstand' und vor allen Dingen: Spurlaut! Der Spurlaut stellt einerseits die Verbindung zum Führer dar, andererseits wird das Wild nur minimal beunruhigt, denn auch das Wild orientiert sich am Laut des Hundes. Schnell hat es gemerkt, daß der Hund nur langsam folgt. Den Teckel halte ich für einen ganz prädestinierten Stöberhund!

Das eigentliche *Brackieren* ist Sache der Bracken, daher der Name. Es ist das Suchen, Finden, Stechen oder Heben und spurlaute Verfolgen von Has' oder Fuchs. Der wesentliche Unterschied zwischen Stöbern und Brackieren (abgesehen, daß letzteres bei uns so gut wie verboten ist) ist der, daß beim Brackieren der Hund das Wild ‚wendet', dies bedeutet, daß das Wild dem wartenden Jäger wieder zugetrieben wird. Nur Jagen mit Bracken ist also noch lange kein Brackieren. Auch mit gut eingejagten spurlauten Teckeln ist Brackieren möglich.

Keine Prüfung des DTK wird so unterschätzt wie die Stöberprüfung. Die Erfolgsquote betrug 1991 von 344 geprüften Hunden ganze 71,5 Prozent. Einerseits liegt es daran, daß aufgrund der Spurlautübungen viele Teckelführer meinen, daß Stöbern gleich Hetzen sei und daß das Jagen den Teckeln sowieso im Blut liege und sich somit eine spezielle Vorbereitung auf die Prüfung erübrige. Wie falsch! Ich halte die Stöberprüfung des DTK für eine schwierige Prüfung, die auf keinen Fall mit zu jungen Hunden angegangen werden sollte. Natürlich ist der Teckel ein ausgezeichneter Stöberhund, aber wir müssen seine Stöberleidenschaft in gehorsame Bahnen lenken, also üben.

Was wird vom Teckel verlangt? Erst einmal Gehorsam. Er muß in den (Abrichte-)Fächern Führigkeit, Ablegen, Schußruhe und Benehmen auf dem Stand eine Leistung bringen, er muß dort also bestehen.

Führigkeit wird am besten in einem Stangenholz geprüft und kann vom Führer frei oder angeleint durchgeführt werden. Der Hund muß also leinenführig sein, er darf nicht an Bäumen hängenbleiben, nicht an der Leine ziehen und zerren, muß also dem Herrn am Fuß folgen, als seien sie beide auf der Pürsch.

Ablegen und Schußruhe kann ebenfalls angeleint oder frei durchgeführt werden. Der Teckel wird dazu auf dem Rucksack abgelegt, der Führer muß sich außer Sichtweite entfernen, dann werden zwei Schüsse abgegeben und mindestens fünf Minuten gewartet. Der Hund muß ruhig liegenbleiben, darf nicht winseln oder jaulen.

Das Benehmen auf dem Stand beim Treiben ist quasi ein Ablegen neben dem Führer während einer simulierten Treibjagd mit Hallo und Juchhei und einigen Schüssen. In der Regel ist ein Teckel, der sich sicher ablegen läßt, auch während der Treibjagd neben seinem Führer gehorsam und ruhig. Unser Teckel, der ja eine gute Frühsterziehung genossen hat, wird in den Gehorsamsfächern keine Probleme haben, und es kann zur eigentlichen Stöberarbeit gehen.

Dort muß der Hund in zwei mindestens ein Hektar großen Dickungskomplexen diese annehmen, weiträumig suchen, Wild finden und dieses lauthals herausjagen, der Hund muß also zweimal finden! Nimmt der Teckel die Dickung nicht an, ‚rändert' er bloß, oder ein anderer Hund findet, während ersterer nichts fand, so gilt dies als Fehlsuche.

Die meisten Teckel nehmen eine Dickung an; sie tun dies normalerweise immer, wenn Wildwittrung aus der Dickung strömt. Aber wie sieht es ohne Wildwittrung aus? Probieren Sie es mit Rückenwind. Nimmt er dann die

Warten, den Hund versammeln und sich selbst beruhigen, auch dies ist der Reiz von Gebrauchsprüfungen

Dickung nicht an, empfiehlt sich eine kleine Felddickung (ein Feldgehölz), mit zwei, drei Mann umstellt und den Hund gegen den Wind hineingeschickt. Jemand gibt einen Schuß ab, erlegt einen Hasen, was ideal wäre, oder legt den mitgebrachten, eventuell überfahrenen Mümmelmann ‚als guten Kompromiß' in der Nähe ab. Der Hund soll, muß also verknüpfen: suchen – finden – Erfolg – Hasen zausen. Schon nach ganz kurzer Zeit wird der Teckel ob des Erfolges freudig Dickungen annehmen und stöbern. Überschaubare Dikkungen, gut abgestellt und Erfolg in der Nähe der/des Führers erziehen den Hund ferner zur Bogenreinheit. Nimmt der Hund Dickungen wirklich nur ungern an, empfiehlt sich auch ein gemeinsames Durchgehen, doch meine ich, so erzieht man Hunde zum ‚Buschieren in der Treiberwehr', nicht aber zum weiträumigen Stöbern. Lassen wir unseren Teckel also ausgiebig und lange jagen. Nie entfernen. Immer an dem Platz bleiben, an dem man ihn in die Dickung geschickt hat. Er kommt zurück. Entfernt man sich des öfteren, verknüpft der Hund leicht einmal, zurückkehren hat doch keinen Zweck, den Weg zum Auto oder gar zum Haus kennt er – und man hat einen Streuner, einen Weitjager, der auf jeder Jagd lästig ist.

Ein Teckel hat die Stöberprüfung nicht bestanden, wenn er innerhalb einer Stunde ohne erkennbaren Grund zur gestellten Stöberaufgabe nicht zum Führer zurückgekehrt ist. Dies ist der kritische Punkt der Stöberprüfung, besonders bei ungeduldigen Richtern, die nur auf die Uhr schauen und die

Sekunden zählen, nicht aber den ‚erkennbaren Zusammenhang zur Stöberaufgabe' suchen. Alle meine Teckel haben die Stöberprüfung mit einem 1. Preis bestanden; zwei meiner besten allerdings sind jeweils einmal bei der St wegen ‚zu langen Wegbleibens' durchgefallen – später haben sie mit einem 1. Preis bestanden. Sie waren ausgezeichnete Stöberhunde und jagten lange, teilweise nach Brackenart am Wild. So dicht können Erfolg und Mißerfolg bei der Stöberprüfung zusammenliegen.

Eine ideale Vorbereitung zur Stöberprüfung wäre eine kleine Jagd mit ein paar Freunden, am besten im späteren Prüfungsrevier in garantiert wildreichen Dickungen, ohne Treiber und nur immer einen Teckel jagen lassen – Jagd- und Prüfungserfolg, aber auch Freude am kleinen Stöberhund werden nicht lange auf sich warten lassen!

Vielseitigkeitsprüfung

Die Vielseitigkeitsprüfung (Vp) des DTK ist, obwohl davon abweichend, vergleichbar mit der Gebrauchsprüfung (GP) des VJT – siehe Anlage 1.

Sind alle bisherigen Prüfungen Lehrstücke, so darf man die Vp als das Gesellen-, nicht aber als Meisterstück betrachten, obwohl sie von Teckelführern gerne als ‚Dackelabitur' bezeichnet wird. Leicht ist sie nicht, die Vp, aber bei entsprechender Vorbereitung und – besonders wichtig – in der richtigen Reihenfolge, will sagen, nicht zu früh und nicht zu spät, durchaus von jedem einigermaßen brauchbaren Teckel zu schaffen. Die Vielseitigkeitsprüfung besteht aus den Fächern Spurlaut, Stöbern, Schweiß und Gehorsam, alles an einem oder zwei Tagen. Der Teckel soll seine Vielseitigkeit unter Beweis stellen, also werden von ihm drei Prüfungen hintereinander verlangt. Spurlaut ist genau wie die Einzelprüfung; die Schweißfährte ist nur 600 Meter lang mit zwei Haken, aber auch eine Übernachtfährte; beim Stöbern braucht der Teckel nicht zu finden. Die Gehorsamsfächer sind genauso streng wie bei der Stöberprüfung. Das Mindestalter der Hunde ist auf nunmehr 9 Monate festgesetzt. Bei Junghunden empfehle ich aus schon erläutertem Grunde die Reihenfolge Sp, Schweiß, Vp und zuletzt die Stöberprüfung. Nein nicht zuletzt, denn ganz am Schluß der Ausbildung kommt – endlich – die

Baueignungsbewertung

Man kann ohne das Leistungszeichen Sp mit dem Teckel Hasen jagen, man kann zur Not ohne St mit dem Teckel zur Treibjagd gehen, man kann auch ohne SchwhK mit dem Dachshund nachsuchen, aber man sollte als verantwortungsvoller Teckelführer und Jäger auf keinen Fall seinen Teckel in den Fuchs- oder Dachsbau lassen, ohne ihn vorher entsprechend am Kunstbau eingearbeitet zu haben. Niemals!

Kunstbau- oder Schliefenanlage; zur Sicherheit von Fuchs und Hund sind die Kessel abgeschiebert, und durch aufklappbare Deckel kann der Schliefenwart jederzeit und überall eingreifen

Unverständlich, warum der junge Verein Jagd-Teckel die Prüfung am Kunstbau überhaupt nicht in die Prüfungsordnung aufgenommen hat; er prüft nur am Naturbau. Wahrscheinlich will man allen in letzter Zeit gehäuft auftretenden Diskussionen um die Schliefanlagen und die Bauprüfungen damit aus dem Wege gehen. Ob dies unter dem Aspekt Tierschutz auch für den Teckel der richtige Weg ist, sei dahingestellt.

Der Grund, warum die Bauprüfung (Leistungszeichen BhFK), wie ich sie der Einfachheit halber nenne, weder während der Frühsterziehung noch bisher Erwähnung fand, liegt darin, daß Hunde meiner Meinung nach sowohl äußerlich ausgewachsen als auch ‚innerlich' erwachsen sein sollten. Zum Teil schlägt sich dies in der Prüfungsordnung nieder, denn die fordert ein Mindestalter von 12 Monaten und setzt eine bestandene Spurlautprüfung voraus. Ich kenne Züchter, äußerst engagiert, ehrgeizig, die haben ihren Welpen im Aufzuchtzwinger eine Bauanlage gebaut, durch die die Welpen hindurch müssen, bevor sie gefüttert werden. So werden sie schon früh daran gewöhnt, dunkle Röhren anzunehmen, zu schliefen, ja das Schliefen als etwas Angenehmes anzusehen. Im Prinzip ist wohl nichts dagegen einzuwenden, eine Notwendigkeit einer solchen Frühstschlieferei mag ich aber auch nicht zu erkennen. Teckel mit normaler Härte, Passion und Neigung zum Raubwildhaß, werden ihre eventuelle Abneigung vor dunklen Röhren durch eben diese Erbanlagen später überwinden und problemlos schliefen. Das einzige, was ich mit meinen Welpen schon während der ersten Reviergänge geübt habe, war das Untersuchen von garantiert unbewohnten Durchlässen. Doch liegt hierin eine gewisse Gefahr, wenn der Junghund anläßlich eines Revierspazierganges neugierig seine Nase in einen Durchlaß steckt, der dann doch einmal bewohnt ist von Fuchs oder, noch schlimmer, Katze. Zu empfehlen ist dies nicht! Allerdings lasse ich Welpen und Junghunde jeden Alters immer am geschossenen Fuchs schnuppern und zausen – zum Kennenlernen.

Schliefenwarte haben zu ihren Füchsen mindestens so ein inniges Verhältnis, wie Teckelführer zu ihren Hunden – Tierschutzbedenken sind unangebracht

Mit einem Mindestalter von 12 Monaten, bei Hündinnen noch später, sollte der Teckelführer Verbindung zu einem Schliefenwart des DTK aufnehmen und einen ersten Termin vereinbaren. Die meisten Schliefenwarte, die ich kenne, sind erfahrene, ‚füchsisch' und ‚tecklig' einfühlsame, über jeden tierschützerischen Zweifel erhabene Rüdemänner. Sie lieben ihre Füchse genauso wie wir unsere Hunde. Und sie werden den jungen, in der Baujagd unerfahrenen Teckelführer samt Teckel anleiten und führen. Schritt für Schritt gewöhnt man den jungen Hund erst an die Bauanlage, denn nur wenn er die Anlage kennt, wird sich sein Selbstvertrauen ‚unter der Erde' festigen. Dann wird er Verbindung zum abgeschieberten Fuchs aufnehmen, um erstmals ‚Raubwildwittrung' zu schnuppern. Beim nächsten Übungsvormittag wird auf dem Erlernten aufgebaut, und der junge Bauhund darf Reineke von Kessel zu Kessel suchen und kurz verbellen, spätestens hier lernt er, daß der Fuchs beweglich und nicht immer harmlos ist. Doch Gefahr für Fuchs oder Teckel besteht nicht, denn immer ist ein Gitterschieber dazwischen. Stets vorausgesetzt, es klappt alles, wird man dann am folgenden Übungstag versuchen, den Teckel die Hindernisstrecke mit Absprung, Kamin und Steigrohr überwinden zu lassen. Zeigt auch hier der angehende Bauhund Schneid, Passion und Unerschrockenheit, kann man bedenkenlos dazu übergehen, die

Mit dem Teckel einen Dachs erbeuten, bedeutet immer harte Arbeit und ist meistens für den Hund nicht ganz ungefährlich. Selten nur winkt das Leistungszeichen Bauhund-Dachs-Natur (BhDN)

Ausdauer im Vorliegen zu steigern. Ist der Schliefenwart zufrieden, meist brummeln sie ein „jetzt langt's ...", wird zwei, drei Wochen vor der geplanten Bewertung eine Generalprobe angesetzt, und dann steht einer Baueignungsbewertung nichts mehr im Wege. Das Leistungszeichen BhFK, da ziemlich am Ende der Ausbildungszeit, häufig zusammen mit GS (Gebrauchssieger) oder GTSt (Eintrag ins Gebrauchsteckelstammbuch), ist die Zierde einer Teckelahnentafel, und man kann getrost stolz darauf sein!

Sonstige Prüfungen und Leistungszeichen

Der DTK kennt noch einige Prüfungen und Leistungszeichen, die aber lange nicht die Bedeutung der vorstehend erläuterten haben. Wa-T ist das Leistungszeichen für den Wassertest, bei dem der Hund eine geschossene Ente aus dem Wasser bringen soll. Ich bewundere Teckel, die dies machen, jedoch sollte der Führer genug Selbsteinschätzungsvermögen besitzen, um seinen Teckel nicht überall und immer als ‚brauchbaren Wasserhund' zu preisen und einzusetzen. Für den Notfall und gewisse jagdliche Situationen ist dies eine gute Übung und gewiß auch ein ehrenwertes Leistungszeichen.

Alle ‚J' auf der Ahnentafel sagen aus, daß der Hund diese Leistung als ‚Jugend-Hund' erworben hat.

Beim VJT ist der Wassertest oder die Haarwildschleppe Teil der Gebrauchsprüfung.

Auf die Prüfungen des DTK für Kleinteckel (also der Kaninchenteckel), Kaninchenschleppe und Herausziehen, und auf die Kaninchensprengerprüfung (Ksp) des VJT will ich hier nicht näher eingehen. Sie erscheinen mir etwas zu speziell, im Vergleich zur Anzahl der sonstigen Prüfungen auch unbedeutend (im Jahre 1991 wurden im DTK nur zwei Hunde erfolgreich durchgeprüft), und letztlich – ich kann nicht anders – bewerte ich die Tendenz zum immer kleineren Jagdhund als Fehlentwicklung, sie führt in die Sackgasse – ich will mich an dem Jagdteckel nicht versündigen.

Ganz anders die Leistungszeichen SchwhK/40, also die Schweißprüfungen des DTK und VJT, oft in Verbindung mit dem Jagdgebrauchshundeverband dann als Verbandsschweißprüfungen auf der 40-Stunden-Fährte. Sie stellen nochmals eine Steigerung dar, denn die Stehzeit beträgt nun zwei Tage, 40 bis 48 Stunden! Gerade die Verbandsschweißprüfungen (Sw, oder VSwP) dürfen als Steigerung, als Meisterprüfungen angesehen werden. Wer sich und seinem Hund so etwas zutraut, vor dem habe ich alle Achtung und ziehe ehrfurchtsvoll meinen ältesten Hut; genau wie vor den ‚Ehrenzeichen' BhFN (Fuchs-Natur), BhDN (Dachs-Natur), SchwhN (Schweiß-Natur), auf die im folgenden Kapitel auch, aber nicht ausschließlich eingegangen wird.

Vom Prüfungs- zum Jagdhund

Ganz richtig ist die Überschrift nicht, denn von Anfang an wurde der Hund ja mit ins Revier genommen. Wir haben am Hasen den Spurlaut, auf der künstlichen Tupffährte die Nachsuche, während der Reviergänge den Gehorsam und anläßlich der vielen Ansitze die Wild- und Schußruhe geübt. Der junge Teckel weiß sich also im Revier zu benehmen.

Schweiß-Natur

Aufgrund der intensiven Übungen wurde die Schweißprüfung mit recht akzeptablem Ergebnis bestanden, und mit Stolz betrachtet der Schweißteckelführer das rot eingerahmte Leistungszeichen SchwhK auf der Ahnentafel. Spätestens jetzt nimmt bei fast allen Jägern der unterschwellig vorhandene Wunsch Konturen an, den Teckel auf Schweiß zu spezialisieren, ihn ausschließlich als Schweißteckel zu führen. Sie träumen von schwierigen Nachsuchen über Berg und Tal, vom Nachsuchenruhm weit über die Grenzen des Heimatstädtchens und des Hegeringes hinaus, von legendären Schweißarbeiten, an denen andere Hunde gescheitert sind, die ihr Hund, ihr Teckel aber dann gemeistert hat. Ehrfurchtsvoll an den verendeten Hirsch treten oder dem schwerkranken Keiler vor dem Hund die Kugel antragen – Hornsignal ‚Sau tot' ... so träumen sie.

Liegt es an den wirklich interessant und spannend zu lesenden Nachsuchengeschichten in Jagdbüchern und -zeitschriften, an dem Nimbus des Geheimnisvollen, liegt es an der Aura vom gerechten, harten Jagdhandwerk, das die Nachsuchenarbeit umgibt, die so viele Erstlingsführer und Jungjäger – doch nicht nur diese – vom Schweißhund träumen lassen? Ich weiß es nicht, wahrscheinlich von jedem ein bißchen.

Die Realität sieht jedoch ganz anders aus! Lange nicht so romantisch, bei weitem nicht so ruhmreich. Viel härter, deprimierender, häufig sehr viel frustrierender als jemals angenommen. Und die Aussage des Jungjägerausbilders, daß mit dem guten Hund auch die Jagdeinladungen ‚automatisch' kommen, hat sich auch noch nicht bestätigt.

Zuerst zum Hund. Soll er wirklich ein Spezialist, ein Schweißteckel werden, sollten die Anlagen, die Eignung für die Schweißarbeit früh ins Auge fallen und zielgerichtet und konzentriert gefördert werden. Schweißarbeit, sonst nichts! Kein Stöbern, kein Fuchsbau, keine Treibjagd. Nur Schweiß!

Nach der normalen Schweiß- die Verbandsschweißprüfung oder die erschwerte DTK-Prüfung auf der 40-Stunden-Fährte. Dann Übergang oder parallel zur Kunst- die Naturfährte. Um wirklich gut, besser als der Durchschnitt zu sein, braucht der Hund viel Praxis, also Naturarbeiten. Woher nehmen? Viel heißt, als Anhalt, mindestens eine Suche pro Woche, also 50 Fährten pro Jahr auf Schalenwild. Kontrollsuchen nicht eingerechnet.

Damit wären wir beim Teckelführer. Wer hat schon so gute Verbindungen zu großen Verwaltungsjagden, denn fast nur da fallen so viele Nachsuchen an, daß er mit seinem Teckel zahlreiche ‚Angebote' bekommt? Außerdem hat ein Schweißteckelführer auch gegen das Vorurteil zu kämpfen, daß ein Teckel ja ohnehin nur ein ‚halber' Hund sei, die Möglichkeiten reduzieren sich abermals. Der Führer muß viel Zeit haben, Tag und Nacht parat, mindestens ansprechbar, also Freiberufler, von Beruf ‚Sohn' sein oder einen sehr verständigen Chef haben, der hoffentlich nie versetzt wird.

Nicht nur viel Zeit, auch gute Kondition und körperliche Fitness muß der Nachsuchenmann mitbringen. Probieren Sie doch einmal, Ihrem Teckel am Riemen durch eine bürstendichte Dickung nur auf 1000 Meter zu folgen. Ich habe Nachsuchen von 8, 10, ja 12 Kilometern mitgemacht, habe fix und fertig alle Viere von mir gestreckt, zu einer Zeit, als ich die Zehn-Kilometer-Strecke noch in 41 Minuten lief!

Und wie sieht es aus, wenn im Winter der hohe Schnee dem Teckel natürliche Grenzen setzt? Und Hetzen? Auch hier sind mit dem Teckel Grenzen gesetzt und einzuhalten. Und was ist, wenn die Hündin heiß, der Rüde alt ist? Ist der nächste, der zweite Hund genauso gut? Nachsuchenruhm gründet sich nicht nur auf einen Hund, auf kurze Zeit. Das Gespann muß über Jahre, Jahrzehnte, weit überdurchschnittliche Leistungen bringen!

Seien wir selbstkritisch. Prüfen wir uns. Das Umfeld, Familie, Beruf, Karrierewünsche, Freizeit, Wohn- und Jagdverhältnisse, Jagdgelegenheiten und letztendlich Hund und Führer. Seien Sie zu sich selbst sehr, sehr ehrlich!

Auch ich war einmal ein Träumer, habe aber noch verträumtere Jäger und Teckelführer getroffen. Zum Beispiel jenen mittelalten Herrn, frühpensioniert aufgrund gesundheitlicher Indisposition. Seinen Teckel wollte er nur auf Schweiß führen; hatte selbst keine Jagdgelegenheit. „Vielleicht kann ich mit meinem Hund mal jemandem aus der Patsche, aus der Not helfen ...", so träumt er heut' noch.

Oder jener, der glaubte, mit bestandener Schweißprüfung, die er überall verkündete, kämen die Nachsuchenanfragen und Jagdgelegenheiten zuhauf. Er bekam auch Jagdeinladungen, aber erst, als er begann, seinen Teckel auf Waldtreibjagden mitzunehmen und jagen zu lassen!

Heute kann ich nur raten und empfehlen, den Teckel, den ich für einen guten Nachsuchenhund halte, gerecht zu führen und auszubilden, ihm praktisch eine solide Grundausbildung angedeihen zu lassen, seine Vielseitigkeit zu fördern und sich durch Spezialisierung nicht selbst zu beschränken.

Wenn der Teckel die Schweißprüfung als Lehrstück, die 40-Stunden-Fährte vielleicht als Gesellenstück gemeistert hat, steht einem Übergang zu einfachen *Totsuchen*, die man vorher natürlich auch schon mal proben kann, nichts im Wege.

Auf den weiteren Übungsfährten – nach der Prüfung – wurden nicht nur die Fährten selbst, sondern auch die Verleitungen schwieriger – siehe auch Darstellung 2 (S. 50/51). Wir können, wenn wir uns entschlossen haben, den Teckel zu spezialisieren, Elemente der Nachsuchenspezialisten einfügen, z. B. Arbeiten mit dem Fährtenschuh (BGS), wie sie der VJT auch schon für die Schweißprüfung übernommen hat, so daß der Hund auch eine gewisse Strecke ohne Schweiß, also nur nach Bodenverwundung zu arbeiten hat. Oder wir schieben Arbeiten ein auf kalter Gesundfährte (Hannoverscher Schweißhund) von Rotwild: Einzelfährte, genauer Fährtenverlauf muß bekannt sein, mit einer Stehzeit von etwa vier Stunden. Man kann aber auch ganz einfach eine Hasenspur am Riemen ausarbeiten. Wichtig ist: Vom Hund Nasenleistung fordern sowie Ruhe und Konzentration fördern.

Der Hund muß Erfolg haben. Nichts ist für den angehenden Schweißteckel verwerflicher, als frustrierende Kontrollsuchen mit offenem Ausgang. Erfolg baut den jungen Hund auf. Er muß ans Stück kommen. Und schon müssen wir uns mit der Untersuchung und Beurteilung des Anschusses beschäftigen. Am Anschuß beginnt jede Schweißarbeit – für manchen endet sie auch dort.

Mit der Anschußuntersuchung und korrekt abgelegtem Teckel beginnt jede gerechte Nachsuchenarbeit

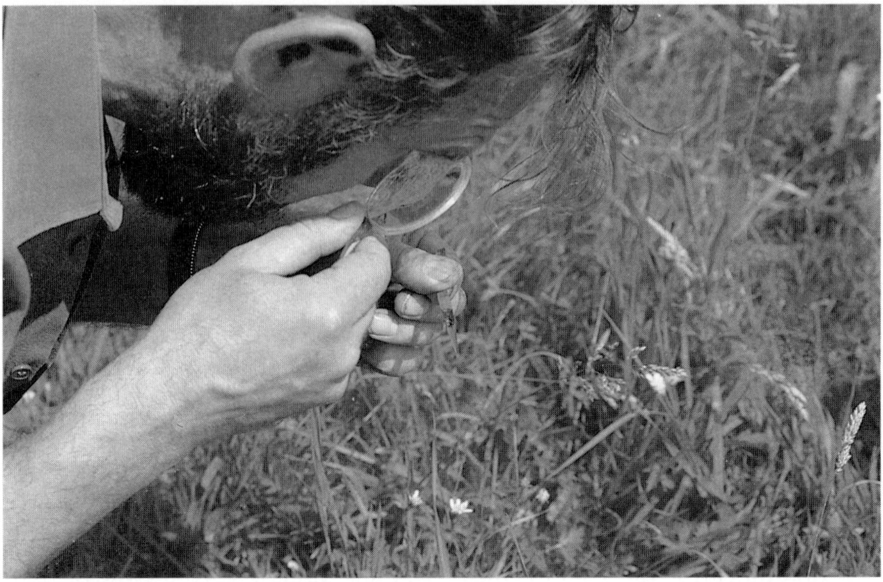

Besonders für den Schweißteckelführer ist eine gewissenhafte Anschußuntersuchung von herausragender Bedeutung, denn hier muß der Teckelführer entscheiden, ob eventuell ein Spezialist zu Hilfe gezogen werden sollte

Warum eigentlich den Anschuß untersuchen, wenn man doch ans Ende kommen will?

Stutzig machen sollte den Nachsuchenanwärter, daß meistens auch die wirklich erfahrenen Schweißspezialisten lange und intensiv am Anschuß verweilen. Dies muß doch einen Grund haben, denn gerade sie, die Spezialisten, hätten doch am wenigsten Anlaß, oberflächlich betrachtet, sich lange am Anfang einer Fährte aufzuhalten, denn sie wissen vorab, daß es sich – meistens – um eine schwierige Suche handelt, an der andere Führer und Hunde gescheitert sind, sonst hätte man sie ja nicht von weit her geholt.

Am Anschuß verschafft sich der Nachsuchenmann ein Bild vom Geschehen, zieht Folgerungen und Schlüsse, trifft Entscheidungen über die Vorgehensweise und stellt sich und seinen Hund ein auf das Kommende. Nicht selten kommt es vor, daß die avisierte Nachsuche auf den Keiler sich schon bei der Anschußuntersuchung als Frischlingssuche entpuppt.

Doch der Reihe nach: Gerade den beginnenden seriösen Schweißteckelführer, der ja um die natürlichen Grenzen seines Hundes weiß oder wissen sollte, der entscheiden muß, ob er die Arbeit annehmen kann, weitersuchen oder doch besser einen Spezialisten zu Hilfe rufen soll, gerade für ihn ist die Empfehlung, die Anschußuntersuchung extrem wichtig und ernst zu nehmen. Jeder Schweißteckelführer – eigentlich jeder Jäger, zumindest aber jeder Revierinhaber und Jagdaufseher – sollte die Gelegenheit wahrnehmen, einmal an sogenannten Anschußseminaren teilzunehmen, die von örtlichen Jagdgebrauchshundevereinen (und Teckelgruppen) angeboten werden. Nichts schult so sehr wie die Praxis, und diese Seminare werden in der Regel von Praktikern durchgeführt unter dem Motto: Aus der Praxis für die Praxis.

Art des Wildes, männlich oder weiblich, wann und wo beschossen, wird ja meistens schon telefonisch vorab geklärt. Trotzdem muß der gewissenhafte Schweißteckelführer vor Ort nochmals fragen und sich anhand eigener Untersuchungen Gewißheit und/oder Bestätigung verschaffen über folgende, die Nachsuche beeinflussende Punkte und Faktoren:

- Art des Wildes? Rot-, Reh-, Schwarz-, Dam- oder Muffelwild; manchmal gibt es hier schon, am Anfang, die ersten Überraschungen.
- Einzelnes Stück oder im Rudel, Trupp, Rotte oder Sprung?
- Wann und von wo beschossen? Wo stand der Schütze?
- Welches Kaliber? (Schwach, vertretbar oder stark? Eher ein Splitter- oder Aufpilz-[Starkmantel-]geschoß?)
- Stellung des Wildes bei Schußabgabe: Breit, spitz, flüchtig?
- Schußzeichen: Schnitthaar, Schweiß, Knochen, Zähne, Ausrisse?
- Fluchtstrecke: Beobachtet, vermutet?
- Schußkanal des Geschosses im Erdreich: Ja/nein? Mit oder ohne Schweiß?
- Nachsuchen anderer Hunde: Frei oder am Riemen?

Aus all diesen Mosaiksteinchen formt der Hundeführer ein Bild, aufgrund dessen er die Entscheidung trifft: Kontrollsuche, Totsuche oder Suche mit Hetze.

Manchmal, anläßlich großer Drückjagden, kann der Schweißhundführer schon froh sein, wenn der Anschuß gerecht verbrochen ist. Oft fehlt auch dieses, dann müssen er und sein Hund aufs Blaue hinein die Suche beginnen, gestützt auf Erfahrung und Finderwillen.

Erkennbar schwierige Nachsuchen wie Laufschüsse auf Schwarz- und Rotwild, Krell- oder alle Schüsse, die eine Hetze erwarten lassen, überlassen wir den wirklichen Spezialisten und Könnern. Hierunter fallen auch und insbesondere alle Nachsuchen auf Wildunfälle, da meistens sehr ungenaue Angaben vorliegen (wie Ort des Geschehens, Wildart, von der Art der Verletzung ganz zu schweigen) und wenig oder gar kein Schweiß vorhanden ist; außerdem alle Schüsse auf Kitz, Kalb, Lamm oder Frischling aus einem Sprung, Rudel, Trupp oder einer Rotte – hier benötigt man das beste Gespann, das man bekommen kann!

Trotz gründlichster Anschußuntersuchung und gewissenhaftester Selbsteinschätzung kann es im Verlauf der Suche zu einer Hetze kommen. Junges Wild (Kitze, Kälber) mit dem Muttertier stellen sich fast nie dem Teckel. Überhaupt alles Wild, so es nicht schwerkrank ist, es sich also mangels Kräften stellen muß, verharrt vor dem langsam folgenden Teckel ungern. Ausnahmen bestätigen die Regel. Ideal wäre ein Hatzhund, der während der Suche nachgeführt und bei Bedarf geschnallt werden kann. So ein Gespann erscheint optimal, ist aber meistens nicht einfach zu führen, bzw. aneinander zu gewöhnen, denn der eine Hund macht die Arbeit, der andere hat den Erfolg. Schnell machen Eifersüchteleien (noch das Harmloseste) eine konstruktive Gespannarbeit zunichte, zumal als Hatzhund gerne der Deutsche Jagdterrier genommen wird, der nun mal nicht der anpassungsfähigste aller Jagdhunderassen ist. Klappt alles, können beide sich ideal ergänzen.

Totsuchen auf Schalenwild bis zu 400, 600, ja 1000 Metern werden von gut arbeitenden Schweißteckeln gemeistert, auch wenn sie als Allround-Dackel zwischendurch mal stöbern oder anderweitig eingesetzt werden.

Erstklassige Schweißhundstationen gibt es, zumindest in wald- und wildreichen Gegenden, in genügender Anzahl, und deren Führer haben fast immer Zeit! Dem Schweißteckelführer ist zu raten, engen Kontakt mit den Spezialisten (egal ob Bayerischer Gebirgsschweißhund, Hannoveraner oder Brackenart) zu knüpfen. Meistens ist dies sehr leicht, denn alle sprechen eine Sprache, haben die gleichen Ziele, aber – gehen unterschiedliche Wege. Dies sollten sowohl Spezialisten als auch die Teckelleute akzeptieren. Wenn der Schweißteckelführer bei der Anschußuntersuchung nicht nur Sorgfalt und Gewissenhaftigkeit, sondern auch jenes Maß an Selbstbeschränkung an den Tag legt, welches einem Teckelmann gut zu Gesicht steht, und den Spezialisten dann bei schwierigen Arbeiten nachsuchen läßt, wird dieser innerhalb kurzer Zeit seine Anerkennung, seinen Respekt nicht verhehlen, und manchmal, von Zeit zu Zeit, profitiert der Teckelführer davon, indem die eine oder andere ‚leichte' Nachsuche für ihn anfällt. Bei gegenseitigem Verstehen und Anerkennen kann es durchaus zu konstruktiver Arbeitsteilung kommen, z. B. der Hannoveraner sucht das Hoch-, der Teckelführer Rehwild nach.

Selbstüberschätzung auf der Jagd ist schlimm – für den Schweißteckelführer aber kann sie ‚tödlich' sein!

Angeblich soll es eine Vielzahl von Teckeln geben, die von Natur aus die Anlage als Totverbeller mitbringen. Meine Teckel haben dies nie getan, obwohl wirklich ‚lockere Hälse' darunter waren. Auch auf Prüfungen habe ich leider bisher solche Wunderdackel nie erlebt. An den letzten richtigen Totverbeller erinnere ich mich aus meiner Kindheit, doch dies ist schon lange her. Den Teckel als Totverbeller halte ich sowieso nur bei Niederwild für sinnvoll, da er dies nicht apportieren kann; bei krankem Schalenwild plädiere ich für reine Riemenarbeit. Sogenannte Naturtalente im Verbellen sind meiner Ansicht nach häufig Alibi für mangelnden Einsatzwillen oder, bei zu dichten oder nassen Dickungen, ungenügenden Folgewillen des Führers, hervorgerufen durch Übergewicht, mangelnde Kondition, unzweckmäßige Kleidung usw.

Ähnliches gilt für den Verweiser. Der Bringselverweiser scheidet beim Teckel aufgrund der Kleinheit von vornherein aus, allein der *laute Verweiser* erscheint für den praktischen Jagdbetrieb vertretbar und von Vorteil. Aufgrund ihrer Veranlagung und Ausbildung (Stöbern, Arbeit unter der Erde) würgen, zerren und knautschen viele Teckel gefundenes Wild, anstatt es zu verweisen. Vielleicht aber wird der Möglichkeit zur Ausbildung des lauten Verweisers

Man schafft ihnen Denkmäler in Öl und Aquarell, von Autoren werden sie verherrlicht und von Dichtern besungen; nicht wenige Jäger träumen von ihnen, den Totverbellern. Dabei ist die Meinung über den jagdlichen Wert dieser Tugend geteilt

bei unseren lautfreudigen Teckeln viel zu wenig Beachtung beigemessen. Ich könnte mir dies sehr reiz- und sinnvoll vorstellen.

Anschneider und Totengräber sind die ‚Un-Hunde' schlechthin, besonders bei größeren Rassen. In allen Jungjägerkursen werden die Kandidaten auf diese Schreckgespenster im Jagdgebrauchshundewesen hingewiesen und gewarnt. Seit ich Teckel führe, habe ich mir darüber nie Gedanken gemacht und mich auch nie darum gekümmert. Kamen wir *gemeinsam* ans Stück (Riemenarbeit), haben alle meine Hunde ‚angeschnitten'. Totengräberei habe ich nie erlebt, warum auch. Das Anschneiden habe ich als genossen machen angesehen, nach dem Aufbrechen des Stückes bekam jeder Dackel ein Stück Milz, dann wurde es, oft zusammen mit drei (!) Teckeln, im Kofferraum verstaut. Nichts ist passiert. Doch, einmal: In einer Kurve schlug das Stück herum, traf einen Hund mit den Läufen, so daß er sich angegriffen fühlte, und die schönste Rauferei war im Gange.

Stundenlang kann ich meine Teckel neben einem Stück Schalenwild ablegen, nicht die Spur von Anschneiderei!

Wenn Jäger und Teckel zu einem Gespann zusammengewachsen sind, wenn sich die Nachsuchenanfragen häufen und mehren, wird es trotzdem nicht selten passieren, daß der Teckelführer beim Eintreffen am Anschuß mit spöttischem Grinsen der Korona („Was will der denn mit dem halben Hund ...") erwartet und empfangen wird. Man wird dem Wort eines Schweißteckelführers je mehr Gewicht beimessen, desto professioneller er auftritt und aussieht. (Obwohl ein Schweißhundführer ja den Hund und nicht das Wort führen soll, aber einer muß während der Suche das Sagen haben, am besten der Schweißhundführer.) Dies heißt, zweckmäßige Kleidung, Ausrüstung, Bewaffnung und ruhige, gewissenhafte, konzentrierte Anschußuntersuchung mit korrekt abgelegtem Teckel. Hunde, die sich nicht ablegen lassen, die womöglich winselnd und jaulend herumwieseln, gar von einem Helfer gehalten werden müssen, machen keinen überzeugenden Eindruck. Für erfahrene Nachsuchenmänner nichts Neues: Am Anfang der Arbeit weiß man nie, wohin und wie lange es geht – man muß auf das Allerschlimmste gefaßt und vorbereitet sein. Einerseits wiegt während der Suche durch dick und dünn jedes Gramm doppelt, und jeder Ausrüstungsgegenstand ist lästig und hinderlich, andererseits muß berücksichtigt werden, daß man, besonders in großen, zusammenhängenden Wäldern, auf sich allein gestellt ist und auf wenig oder gar keine Hilfe hoffen kann. Deshalb meine Empfehlung zur Ausrüstung, die jeder nach seinem Gusto komplettieren oder verringern kann:

- Großkalibrige Nachsuchenbüchse ohne Glas, nur mit Fluchtvisier, kurz, führig, sollte nicht über die Schulter hinausragen (z. B. Spezialnachsuchenbüchse von Mauser);
- wetterfeste (wasserdichte) Kleidung in auffallender Farbe, Signalkappe (Südwester);
- Handschuhe zum Schutz gegen Dornen und spitze Äste, mit denen man

aber trotzdem noch gefahrlos und schnell schießen kann (halbfingerlang frei);
- Warnhalsung für den Hund mit Telefonnummer im Falle einer Hetze;
- Schweißhalsung und -riemen obligatorisch, Umhängeleine bleibt im Wagen, da Hund ohne Leine gehorsam (der schmale Teckelschweißriemen darf ungedockt getragen werden, wie auch bei den meisten Spezialisten, die nur zur Prüfung den Riemen aufgedockt haben);
- Nicker zum Aufbrechen, nicht zu groß;
- Rucksack mit Inhalt wie Horn, persönliche Utensilien (Mehrzweckpapier, Verpflegung, Verbandszeug, Jagdschein);
- Markierungsband oder -papier;
- Gummistiefel;
- Schrittzähler und Kompaß, sofern in großen Waldungen, fremden Revieren und der Führer mit Umgang und Handhabung vertraut ist.

Jeder Schweißteckelführer sollte über seine (auch weniger erfolgreichen) Arbeiten nicht nur Buch führen, sondern diese wichtigen Daten auch der DTK-Nachsuchenstatistik zur Verfügung stellen. Berichtsformulare können dort (Anhang 2) angefordert werden und sollten immer in genügender Anzahl im Auto liegen, damit bei Bedarf die Zeugen gleich vor Ort unterschreiben können. Die ausgewerteten Berichte werden jährlich veröffentlicht und stellen neben dem hohen jagdlichen Aussagewert für den Teckel auch einen gewissen ‚Werbeeffekt' für den Führer dar, abgesehen davon, daß interessierte Revierinhaber hier die Anschriften der Schweißteckelführer finden. Nach 25 erfolgreichen Arbeiten gibt es als Anerkennung eine Urkunde.

Diese Nachsuchenstatistik hat nichts zu tun mit dem Leistungszeichen ‚Schweißhund-Natur', welches mit vorgeschriebenem Formular gemäß DTK-Prüfungsordnung zwecks Anerkennung an den Obmann für das Gebrauchshundewesen (oder Geschäftsstelle DTK, siehe Anhang 2) geschickt werden muß. Wesentliche Voraussetzungen hierfür sind: Alter des Teckels mindestens 18 Monate ohne und 12 Monate mit Leistungszeichen SchwhK; Länge der Riemenarbeit mindestens 400 Meter, Stehzeit 4 Stunden; das Stück muß zur Strecke kommen; zwei Zeugen plus Führer; vorgeschriebenes Formular gemäß PO; Nachsuchen bei Nacht oder Schnee werden nicht anerkannt.

Auch der VJT vergibt ein Leistungszeichen (SwN), welches für die erfolgreiche ‚Schweißprüfung auf natürlicher Fährte' vergeben wird. Hierfür sind zehn erfolgreiche Naturarbeiten mit je einer Mindestlänge von 300 Metern erforderlich; es zählen nur Nachsuchen, deren Verursacher nicht gleichzeitig Führer/Besitzer des Hundes ist.

Bau-Natur

Der Teckel hat das Leistungszeichen BhFK errungen. Schon beim Üben am Kunstbau, spätestens aber nach der Prüfung, weiß der Jäger, welchen Typ

Von der Bauarbeit zurück

Bauhund er hat. Ist es der mutige, das Raubwild dicht und furchtlos bedrängende, den Fuchs stellende Hund, bei dem es im Naturbau fast immer zum Graben kommt, oder ist es der schneidige, wendige, nicht weniger mutige ‚Flieger', der durch seine bedrängende Beweglichkeit den Fuchs fast immer zum Springen bringt? Im Teckelführer-Jargon gibt es den Begriff des ‚92-Punkte-Hundes'. Dies sind ‚Flieger', die für die Bauarbeit eigentlich erwünschten Hunde. Denn wer gräbt schon gerne? Fuchssprenger sind die wahren Bauhunde! Schaut man sich bei den Bodenjägern etwas um, fällt auf, daß es regional große Unterschiede gibt: In manchen Gebieten wird die Baujagd überhaupt nicht, in anderen wiederum mit viel Aufwand, Einsatz und Erfolg praktiziert. Was kann der Grund sein? An der Tollwut oder am Fuchsbesatz liegt es bestimmt nicht. Ein Grund ist vermutlich die Bodenbeschaffenheit. In Revieren mit Sand-, Lehm- oder Lößboden ist die Baujagd eher möglich, wenn es ans Graben geht, als im felsig-schiefrigen Sauerland, wo jeder zweite Bau dem Hund gefährlich werden kann, weil das Graben schier unmöglich ist. Es mag aber auch daran liegen, daß Bodenjagd Gemeinschaftsarbeit ist. Im Idealfall wächst so aus einer Bodenjagdgemeinschaft schließlich eine Bodenjägervereinigung, in der nicht nur zusammen gejagt, sondern auch gezüchtet, eine Kunstbauanlage betrieben und unterhalten wird.

Aber auch dem einsamen Waldjäger mit seinem Teckel, von der Mentalität eher ein Solojäger, sollte die neben der Schweißarbeit aufregendste und ‚ehrlichste' Jagdart nicht verschlossen bleiben, genausowenig wie den Sauerlandjägern mit ihrem felsigen Untergrund.

Meiner Meinung nach viel zu wenig genutzt wird die Anlage von Kunstbauen (künstlich angelegte Fuchsbaue) im Revier. Viele Diskussionen um die

Fangjagd mit Falle und Eisen könnte der Jäger sich ersparen, wenn er die Energie und die Kosten auf dieses Thema lenken würde. Vier bis fünf dieser in U-Form mit einem Kessel versehenen Baue, angelegt im Hochwald oder ausgewachsenen Stangenholz, in leichter Hanglage, sind vom Arbeits- und Kostenaufwand etwa vergleichbar mit zwei aufwendigen Grabeinsätzen auf Dachs oder Fuchs. Zwei bis drei Helfer, vielleicht noch jemanden mit einem kleinen Schaufelbagger, ein paar Röhren (Schwartenbretter tun's zur Not auch), für den Kessel eine Grubenabdeckplatte, das Ganze überdeckt mit Laub und Erde, möglichst wasserdicht und zugfrei, schon ist ein Kunstbau fertig. Diese Baue haben nur Vorteile: Sie halten sehr lange, mehr als eine Pachtperiode, da nie gegraben werden muß; man kann die lichte Weite der Röhren der Größe des kräftigen Jagdteckels anpassen; zur Einjagung des Teckels (Übergang Kunst- zu Naturbau) ideal geeignet, da jederzeit der Deckel gehoben und dem Hund geholfen werden kann; die Einzeljagd ist möglich, man kann also als Einzelschütze ruhig und stilvoll im Winter Füchse jagen und schließlich: Nie mehr graben!

Im Allgäu habe ich dieses Jagen am Kunstbau erlebt und war ob der gemütlichen Jagerei, aber auch aufgrund des Erfolges begeistert. Wunderbar!

Der DTK unterscheidet zwei Leistungszeichen ‚Natur', nämlich BhFN und BhDN, also Fuchs oder Dachs. Auch hier muß nach der Prüfungsordnung des DTK ein entsprechender Richterbericht vorgelegt werden. Mindestvoraussetzungen: Ein DTK-Gebrauchsrichter und ein in der Bodenjagd erfahrener Zeuge (bei drei Richtern kann das Leistungszeichen sofort vergeben werden) müssen den Bericht unterschreiben und an die Geschäftsstelle des DTK senden. Der Naturbau muß mindestens drei Ein- oder Ausfahrten haben. Prüfungen am Kunstbau oder an Durchlässen werden nicht anerkannt. Das Raubwild muß zur Strecke kommen.

Im Gegensatz zum DTK kennt, wie schon angesprochen, der VJT ja nur die Prüfung am Naturbau und das entsprechende Leistungszeichen.

Alle Bodenarbeiten am Naturbau sollten, genau wie die Nachsuchen, zur Auswertung und Veröffentlichung an die Registrierstelle des DTK gemeldet werden. Nach zwanzig erfolgreichen Arbeiten gibt es wieder eine Urkunde als Anerkennung und Bestätigung.

Obwohl ich nicht zu jenen Teckelfreunden gehöre, die behaupten, Baujagd sei das eigentliche Metier des Dachshundes – ich sehe und bevorzuge mehr den vielseitig einsetzbaren Teckel –, ist Füchse sprengen im kalten, feuchten November- oder Dezemberwald, bei nassem Pappschnee, wenn Reineke im Bau steckt, für mich das schönste, weil aufregendste Jagen überhaupt. Dies ist richtiges, ursprüngliches, derbes Jägerhandwerk in des Wortes wahrster Bedeutung – wenn Hand angelegt werden muß . . .

Interessierten Raubwildjägern empfehle ich das leider vergriffene Buch des unvergessenen R. Friess: Bodenjagd. Lehrbuch, Fundgrube und spannende Lektüre in einem!

Stöberjagd

Bei der Vorbereitung zur Stöberprüfung haben wir den Teckel ausgebildet und eingejagt, um allein oder mit ein paar Freunden die Jagd mit dem Hund auszuüben.

Dies kann sich jedoch im Laufe der Zeit und/oder aufgrund jagdlicher Gegebenheiten und Geschehnisse ändern; das Aufgabengebiet kann erweitert, aber auch eingeengt werden. Viele Jäger geben ihren Hund auf der Waldtreibjagd den Treibern mit, was viele Hunde – nicht alle – auch gerne tun. Nur stöbern sie bald nicht mehr, wenn man dies zu oft praktiziert, sie buschieren dann vor der Treiberwehr. Für den Jagdbetrieb kann dies sehr angenehm sein, denn kaum ein Hund überjagt noch. Doch die guten, anerzogenen und angewölften Stöbereigenschaften gehen verloren, werden unterdrückt. Meistens geben jene Jäger ihre Hunde, denen es an Gehorsam mangelt oder die nicht weit genug stöbern, die nur dem Herrn um die Füße laufen (rändern) und natürlich so einen guten Anlauf verhindern, an die Treiber.

Wer aber einen guten Stöberhund hat und Wert auf stilvolles, gutes Jagen mit dem Stöberteckel legt, der sollte, auch um den Gehorsam zu erhalten, seinen Hund, egal auf welcher Art Jagd, selber führen, ihn also vom Stand aus schicken, wie er es gelernt hat. Manche Hunde, so auch meine Stöberteckeline Cleo, begreifen sehr schnell, worum es geht. Sie lassen sich sehr leicht auf Wink, Pfiff oder Hornsignal schicken. Cleo habe ich so etwas nie bewußt beigebracht. Ich lasse sie unangeleint Sitz machen, und beim Anblasen marschiert sie los. Auf Nicht-Teckelführer wirkt so etwas natürlich immer sehr beeindruckend – ist es aber gar nicht, nur ein bißchen ‚Jagdverstand'. Sieht man den Hund zum Ende des Treibens im Gegenhang (Sauerland) und die Jagd wird abgeblasen, kann man noch ein ‚Hahn in Ruh' nachschicken „... für den Hund!" Kommt er dann alsbald – auf Hornsignal –, ist die nächste Jagdeinladung fast sicher.

Unverständlich viele Jagdpächter stöhnen, daß der Rehwildabschuß von Jahr zu Jahr schwieriger zu erfüllen ist, doch keiner nutzt die Möglichkeit, mit Teckeln auf Rehwild zu jagen. Ansitz-Drückjagden, Ansitzjagden, Rehwild-Riegler mit ein, zwei Teckeln zählen mit zum Schönsten, Gehaltvollsten, Stilvollsten und Erfolgreichsten, was die Schalenwildjagd zu bieten hat. Und das Wichtigste, nach heutigen jagdwissenschaftlichen Erkenntnissen: Es wird Strecke gemacht, ohne das Wild übermäßig zu beunruhigen. Der Jagddruck wird gemindert, im September, Anfang Oktober können sogar Böcke noch mit einbezogen werden, eine größere Anzahl von Jägern kann eingeladen werden, und der gesellschaftliche Aspekt bleibt erhalten. Besser ein Riegler mit 15 Schützen, 2 Teckeln und 5 Rehen auf der Strecke, als im Winter 25 Schützen, 10 Hunde, 12 Treiber, einen Hasen und den Rehwildabschuß nicht erfüllt! All die Stärken des kleinen Waldgebrauchshundes – Spurlaut, langsames Ausarbeiten, Folgen der Fährte, gute Nase, Finder- und Fährtenwillen – kommen voll zur Geltung und Entfaltung. Das Wild, nicht nur Rehwild,

Mit dem spurlauten Teckel einen Hasen zu erbeuten, ist Lohn und Erfolg stilvoller Stöberjagd des einsamen Waldjägers

kommt vertraut, immer wieder verhoffend, zum langsam folgenden, ‚ungefährlichen' Teckel zurückäugend und windend, und es kann gut angesprochen und bei Bedarf erlegt werden. Diese Jagdart kann sowohl im kleineren als auch im größeren Rahmen durchgeführt werden, jedoch sollte die Anzahl der Teckel nicht unbedingt mit der Anzahl der Schützen steigen.

Anläßlich großer Waldtreibjagden kann man die ganze, vielköpfige, kostspielige (manchmal jagdunerfahrene) Treiberwehr ersetzen durch die Teckelmeute. Die Meute aus Teckelführern samt Hunden bildet die Treiberwehr. Führer und Hunde kennen sich, sind aneinander gewöhnt und eingejagt. Der Meuteführer führt wirklich, d. h., der Jagdherr hat nur einen Ansprechpartner, der für alles sorgt: Signalbänder für die Hunde, auffallende Kleidung für die Treiber, Zusammensetzung der Hunde, Bläser, Aufbrechen des Wildes etc. Je nach Jagdart, Gelände, Anzahl der Schützen und/oder Treiber und sonstigen Gegebenheiten können sogar einige ‚Durchgehschützen' eingesetzt werden. Hierbei ist allerdings besonders die Sicherheit zu beachten!

Wenn der Begriff vom lustigen Jagen je zutrifft, dann bei der Jagd mit spurlauten Teckeln im winterlichen Wald auf Sau, Reh, Hirsch und Fuchs – sofern die Schneelage nicht zu hoch ist.

Wer mit seinem Teckel Gebrauchsprüfungen erfolgreich besucht, um ihn dann anschließend im Zwinger, Sofa oder Bett ‚verkommen' zu lassen, betrügt sich selbst um die schönsten Stunden. Nicht der treue Dackelblick und auch nicht das roteingerahmte Leistungszeichen vermitteln das wahre Glücksgefühl; dies kommt erst auf beim gemeinsamen Jagen mit dem kleinen Waidgesell – nie möcht' ich's missen!

Jagd-(Teckel-)Impressionen

Jetzt werde ich meinen in der Einführung versprochenen Grundsätzen untreu: Ich weiche ab, erliege einigen Verleitungen, habe mit Widergängen zu kämpfen. Der mir bisher willig gefolgte Teckelführer wird mir verzeihen – auch Hund und Führer benötigen von Zeit zu Zeit eine Pause. Manchmal, so haben wir bisher gelernt, ist ein Versammeln, ein neues Aus- und Aufrichten auf anstrengender Fährte recht sinnvoll. Der Ungeduldige, der Eilige, möge dieses Kapitel überspringen. Sofern er aber meinem anfangs erteilten Vorschlag Folge geleistet und dieses Büchlein in den Rucksack gesteckt hat, so kann er, auf dem Ansitz, Vorpaß, wo auch immer, sofern es lang und langweilig zu werden droht, genau dies Kapitel nachholen – zu Kurzweil, Erbauung, Entspannung, Erheiterung oder – Anlehnung.

Kaninchenteckel

Mein erster, bewußt wahrgenommener und mir stets in Erinnerung bleibender Kaninchenteckel – war gar keiner. Wie konnte ich's auch wissen. Kaninchenjagd mit Hund und Beizvogel, also Kaninchenteckel: Etwas Besonderes wurde uns auf einer Falknertagung versprochen. Ein Vogelhund besonderen Kalibers, unter dem Vogel, aus der Freien Folge geflogen. Nichts Neues, dachten manche, so auch ich. Vogelhunde? Freie Folge mit dem Habicht? Wo liegt da das Besondere, das Einmalige? Das Besondere entpuppte sich als ein kleines, langhaariges, schwarz-rotes Hündchen, das so gar nicht in den erlauchten Kreis der Engländer, Franzosen, Münsterländer und Deutschen Adelskynologie passen wollte. Aber ohne Hemmungen und falsche Scham, keine Spur von Verklemmtheit oder spießiger Unterwürfigkeit, ging das Teckelchen – nein der Kaninchenteckel – an die Arbeit. Natürlich mußten alle anderen Habichte, Adler und Falken in der Kammer und auf dem Hof bleiben, nur die beiden aufeinander eingespielten, also Habicht und Zwergteckel, gefolgt von einer riesigen Korona zogen Richtung Heidewäldchen, den Karnickelburgen entgegen.

Kurz vor Erreichen des Wäldchens gab der Habichtler seinen Vogel frei, der sofort mit Bellcngeläut die höchste, am Rande stehende Föhre annahm. Der Langhaarteckel hinterher; schwupps war er schon im nächsten Busch verschwunden, verfolgt vom ‚langen Hals' des Greifs, der genau wußte, was und wen er in gelborangefarbener Iris zu behalten hatte. Da! Laut! Hundelaut – Spurlaut – der Habicht überstellt sich. Ein Strich, ein grauer Wischer, Bellenzischen, Bellengeläut – Standlaut! Ein paar der Korona nebst Falkner hasten dem Laut entgegen. Ein Bild, so einmalig wie der ganze Vorgang: Mantelnder Habicht auf mit Kopfgriff gebundenem Kanin, davor der kleine Kaninchenteckel kräftig verbellend. „Falknersheil" von allen Seiten. Dem Falkner selbst steht nicht nur Freude im Gesicht, vor Stolz grinst er bis unter die Ohren.

Noch vier Kaninchen innerhalb einer Stunde werden in gleicher, unnachahmlicher Manier erbeutet. Der Habicht aus der Folge – in den Bäumen – nur Blick und Gehör für den Hund; dieser nur, so schien es, erst für den Vogel spurlaut jagend, dann für den Herrn Standlaut gebend – „Komm her, hier sind wir ..." Prächtig!

Alle waren beeindruckt, aber auch betrübt, denn diese hohe Kunst des Jagens war nur mit den Zweien möglich, kein anderer Vogel durfte in der Nähe sein, die Gefahr, geschlagen zu werden, wäre für den Kaninchenteckel, der ja ein Zwergteckel war, einfach zu groß.

Marder

„Kannst du mit deinen Dackeln kommen, wir wollen auf Marder jagen?"

Und ob ich konnte! Mit den Teckeln wintertags Scheunen und Stadel abklappern, Marder suchen, hochmachen, jagen – wer kann da nein sagen? Schnee lag auch. Frisch und reichlich, zum Spüren ideal.

Schnell war ich in den nicht zu warmen Jagdklamotten, denn ‚Marderklopfen' kann auch mal schnelle, harte Arbeit bedeuten. Im Allgäu hatte ich diese Art des Jagens in Perfektion erlebt, kein Wunder, bei den zahlreichen ‚marderfreundlichen' Stadeln allenthalben. Fast in jedem der vielen kleinen Schuppen, Scheunen und Schauer steckte ein Marder, und es war ein Vergnügen, die beiden Hunde arbeiten zu sehen. Mal ein, ein anderes Mal beide Teckel ließen wir Krach machen, dann wieder machten wir selber mit, indem wir auf Blech, Holz oder sonstigem Gerümpel herumschlugen und trampelten, daß es nicht selten schlimm zum Anhören war. Aber gerade dieser Krach, diese Unruhe, dieses Durcheinander aus Dackelgekeife und menschlichem Getöse ließ Weißkehlchen des öfteren springen. Springen schon, nicht aber vor unsere noch jungjägerischen Flinten. Mal verschwand er heimlich wer weiß wohin, dann ging's zu schnell, mal war es zu dunkel, dann fuhrwerkte ein Teckel in der Schußrichtung, und so ging's in einem fort. Abends stapften zwei müde Teckel hinter zwei geschlauchten Jägern her, die jeder einen Marder in der Faust hielten und vor Glück und Stolz ganz rote Backen hatten.

Taschenlampe, Flinte, nicht zu grobes Schrot, die beiden Teckelhündinnen, dann ging's los ...

Zuerst suchten wir eine große Feldscheune in Waldnähe auf, in die auch vielversprechende Marderspuren wiesen. Aber, so waren wir uns einig, reine Glücksache, mit zwei Schützen hier zum Erfolg zu kommen. Die Scheune war

So macht winterliche Jagd mit dem Teckel Spaß

einfach zu groß, die Chancen für den Marder, an uneinsehbarer Stelle zu verduften, riesig. Trotzdem, einen Versuch sollte es wert sein. Sofort nahmen die Hunde die Scheune an und die ‚Arbeit' auf. Munter, flott und eifrig suchten sie hier, schnüffelten dort; erst ein ‚jiff', der andere ein ‚jaff', ein greinendes Jaulen, und plötzlich war ‚Musik' in der Scheune. Den Freund hielt es draußen nicht mehr, er mußte und wollte einstimmen in den ‚Marderkanon'; vierstimmig war Rabatz in der Bude. Doch wo, wo war der Marder? Einmal, der Hals der Hunde überschlug sich fast, hatten wir ein Mardergesicht im Kegel der Taschenlampe, doch ehe die Waffe hoch, war der Spuk verschwunden. Merkwürdig ruhig wurden die Hunde. Beim Nachschauen wurde es uns klar: Wieder mal ausgetrickst. Eine nagelfrische Doppelsprungspur führte Richtung Wald. Zu euphorisch waren wir ans Werk gegangen, hatten uns von den Teckeln anstecken lassen. Auf ein Neues!

Eine kleine Scheune und einen überdachten Holzlagerplatz suchten wir noch auf, doch es waren beides keine idealen Marderschlupfwinkel. Etwas deprimiert schlurften wir Richtung Forsthaus.

Neben der Rotwildfütterung, die wir passierten, gab es einen kleinen Stadel mit Heu; mehrere Spuren führten hin und her. Reger Verkehr sozusagen. Mit nur einem Hund, der jungen Anschi, zwängte ich mich durch die Tür und verdonnerte den Freund, ja schußbereit und aufmerksam auszuharren. Kaum drinnen, murkste und grunzte die Hündin los, daß es eine wahre

Freude war. Bund um Bund warf ich herum und herunter. Es staubte und dreckte. Immer lauter, immer eifriger wurde die Hündin. Jaulen und Heulen vor Ärger und Zorn, wenn sie nicht weiterkam. Schnell versuchte ich ihr zu helfen. Staub und Dreck, Schweiß und Husten. Ein Aufjodeln – ein Schuß – „Was ist?"

„Liegt, komm raus!"

Die junge Hündin schlägt sich ihren ersten Marder um die Behänge, ein frierend-glücklicher Schütze und ein verstaubt-stolzer Teckelführer hauen sich auf die Schulter: Waidmannsheil!

Schwarzwild-Nachsuchen

Im Revier gibt es einen Hochsitz, auf den ich den oder die Dackel nicht mitnehmen kann – sonst haben alle Leitern, Kanzeln sowieso, neben oder vor mir den sogenannten Hundeplatz. Ich will nun mal nicht allein auf dem Hochsitz sein. Dieser Hochsitz hatte also keinen Hundeplatz, und dies war kein Versehen, sondern durchaus gewollt: Zu nah saß man an der Suhle, zu dicht am Wild; das geringste Geräusch oder nur der Hauch einer Hundewittrung würden die Schwarzkittel vergrämen oder gar nicht erst zum Kommen veranlassen.

Schon über eine Stunde sitze ich und döse, ohne mich zu rühren. Die Tauben und Eichelhäher haben sich verzogen, auch sie lockte die Suhle. Nichts rührt sich mehr. Lautlos pürscht die Dämmerung durch den Wald, gefolgt von der Nacht. Kaum noch Grau hier im Bestand; zum Glück scheint ein schwacher Mond, der fragmentale Muster und Reflexe auf den Waldboden zaubert. Irgendwann vernehme ich ein leises, vorsichtiges, zaghaft mißtrauisches Trappeln. Ein trappelndes Schlurfen nähert sich, des öfteren verhoffend. Waffe in der Faust, höchstkonzentriert wartend, ist die Spannung kaum erträglich. Eine einzelne Sau schiebt sich heran, will zur Suhle. Ein wenig Helligkeit nur, ein kleines Stück weiter – Sau oder Schatten? – Sau! Sie steht nicht breit – jetzt – ja – Knall – aber es folgt kein Fall, sondern Davonrauschen und -brechen. Stille. Angespannt lausche ich in die Dunkelheit. Kein befreiendes Schlegeln, Stöhnen, Blasen oder Fallen – nichts!

Der nächste Morgen offenbart ein wenig Schweiß, einen Wildbretfetzen an einem Ast und etwas ‚Knochenmasse'. Mit gemischten Gefühlen lege ich meiner alten Schweißteckelhündin die breite Halsung an, da ich aus dem Anschuß nicht ganz schlau werde. Ruhig untersucht sie denselben, zieht an, und zügig-konzentriert geht's durch den Buchenbestand, über einen Weg, hinein in eine Fichten-Buchendickung, die jedem Schweißhundführer das Herz im Leibe hüpfen läßt. Alles war da, was einen fallen, stolpern, straucheln, hüpfen, kriechen, fluchen läßt, nur eben keine Sau. Ich lasse halten. Kein Vorstehschütze. Kein Selbstvertrauen mehr. Ich breche ab, rufe einen Spezialisten mit seinem Bayerischen Gebirgsschweißhund herbei.

Totsuche am langen Riemen auf eine Sau – für den Teckel mit solider Schweißausbildung kein Problem

Zwei Stunden später sind wir wieder am Anschuß. „Hattest du nicht was von Schweiß, Wildbret und Knochen erzählt?“ fragt zweifelnd der Nachsuchenmann. Ich suche und suche und bin verzweifelt. Nichts, aber auch gar nichts mehr, außer einer Fährte im feuchten Boden, und der Hund will zu allem Übel in die ‚verkehrte‘ Richtung, also nicht dahin, wo meine Teckelhündin hingezogen ist. „Kann es sein, daß ein Fuchs hier war“, frage ich den Spezialisten und deute immer wieder in Richtung Dickung. Schließlich dirigiert er seinen Hund doch da hin und – mit tiefer Nase zieht der hirschbraune Hund vielversprechend an. Genau auf ‚unserer‘ Fährte sind sie jetzt. „So ist recht, such verwundt ...“ Ich stelle mich vor, sie tauchen ein in Dickicht und Gestrüpp. Nur ein Rauschen hör’ ich noch, Anstreichen und Gemurmel. Ganz kurze Zeit später: „Hier liegt er ja, komm her!“

Welche Blamage. Nur ungefähr dreißig Meter weiter und ich wäre an der verendeten Sau gewesen. Mein Hund tat mir leid, hätte ich doch weitergesucht ...

Es folgte eine Art Revanche nur ein paar Wochen später. Nachts hatte ich aus einer Überläuferrotte ein Stück beschossen. Alle gingen sie ohne zu zeichnen ab. Obwohl nach dem Schuß ein gutes Gefühl, machte sich am Anschuß Ernüchterung breit: Kein Schweiß. Noch in der Nacht rief ich den Nachsuchenmann an und bat um Hilfe, die auch erteilt wurde. Früh am Morgen jedoch Absage, nein Verzögerung, denn er mußte unbedingt einen Hirsch, beschossen vom Chef, nachsuchen. Ich hätte ja auch einen brauchbaren Hund und solle schon mal anfangen, er würde, so es paßt, nachkommen.

Mit wirklich ungutem Gefühl lege ich die Hündin zur Fährte. Ob das denn gut geht? In einer Fichtendickung finde ich den ersten Schweiß an einem Stämmchen, so als ob die Sau sich angelehnt hätte. Dies gab Auftrieb. „Brav, mein Hund, so ist's recht, such verwundt."

Die Fichtendickung hatten wir hinter uns, es folgte ein kleiner Eschenhorst, dann Fichtenstangenholz. Die Hündin liegt gut im Riemen. „Brav, zur Fährte, such verwundt ...". Ein Hang mit Fichten und Buchen und nun, wie könnt' es anders sein: Eine Dickung zum Davonlaufen! Dichter geht's nimmer. Der Teckel kommt noch durch, ich kaum. Meter um Meter muß ich mich liegend, kriechend, robbend vorarbeiten. Dann ein schrappendes Geräusch, der Schweißriemen schlaff – vor uns liegt die Sau. „Brav, mein Hund!"

Nach Aufbrechen und Bergung des Überläuferkeilers verbreche ich den Treffpunkt und lege ein kleines Zettelchen dazu: Sau gefunden!

Als alles schon vorbei ist, Sau im Kühlhaus, Tierarzt benachrichtigt, saubergemacht, ich den ersten kühlen Schluck ansetze, kommt der Spezialist – auch eine gewisse Schlitzohrigkeit sollte einen guten Schweißhundführer auszeichnen ...

Grenzkonflikt

Ein merkwürdiger Anruf erreichte mich ‚auf Umwegen': Im Nachbarrevier war eine Sau beschossen worden, dann über die Grenze zu uns und wieder hinausgewechselt und schließlich dort zur Strecke gekommen.

Da es ein Sommersonntag war, handwerkliche Revierarbeiten verboten waren, ich also Zeit und Muße hatte, wollte ich mir die Angelegenheit mal näher betrachten.

Meine alte Schweißteckelhündin ließ ich einfach laufen. Ohne Halsung, Riemen und entsprechendes Suchkommando bummelten wir an der Reviergrenze entlang. Als die Hündin im hohen Gras etwas verwies, ließ ich Halt machen, entdeckte eine Spur, wurde mißtrauisch und legte den Schweißriemen an. Dann, nach eingehender Untersuchung, fand die Hündin schon nach wenigen Metern erst Schweiß und auch den Anschuß. „Zur Fährte." Zügig folgten wir der gut sichtbaren Spur im hohen Gras, die in weitem Bogen in unserem Revier verlief. Dann – unglaublich – das Ende. Eindeutig: Hier war die Sau verendet. Mein Hund kaum enttäuscht über das Ende; ich um so mehr. Doch wir waren noch nicht am Ende. Einer gut sichtbaren Schleifspur folgten wir bis 100 Meter über die Grenze, wo wir dann den Aufbruch fanden. Meine

Hündin schien auch dies nicht sonderlich zu beeindrucken, ganz im Gegensatz zu mir. Obwohl der Hergang nun klar und eindeutig, ließ ich vom Aufbruch zurückarbeiten. Jetzt wollte ich es genau wissen und rüdete die Hündin an. Aufbruch – Schleifspur – verendet – Wundfährte – Anschuß – Spur bis zum Hochsitz. Anschuß und gefallen bei uns im Revier. Alles klar! Der Schluß hatte nichts mehr mit Teckelei zu tun ...

Pürschmorgen

Ich liebe diesen Rundweg, der mich in einem Bogen um den Berg, den Steinzug, führt. Am frühen Morgen ist's besonders interessant, da hier häufig Rehwild umherbummelt, mit etwas Glück erwischt man Rotwild auf dem Rückwechsel. Immer gibt es etwas zu sehen, zu beobachten, zu entdecken, zu bestätigen. Und wenn es wirklich mal ein wenig fad und trostlos wird, ist's Erbauung und Bewegung für Herr und Hund, ein Spaziergang.

Mit drei Teckeln pürsche ich den Weg entlang. Die Jüngste angeleint, die beiden anderen frei bei Fuß. Ein schwacher Wind, mehr ein Lüftchen, küselt hangaufwärts: Gut für uns. Links, im hangabwärtigen Hochwald steht häufig Rehwild, doch heute kann ich nichts entdecken. Kurz vor Erreichen der großen Lärchen-Mischwalddickung heben die Dackel ihre Köpfe in den Wind. Den Hang leuchte ich ab, den Dickungsrand – was mögen sie nur in den Nasen haben? In der Dickung wird wohl etwas sein, deshalb stellen sie die Behänge, deshalb zittern ihre Bärte so. Gerade im Begriff weiter zu gehen, sehe ich ein Reh im Bett. Auf knapp dreißig Schritt, direkt unter mir. Ricke – und dort – das Kitz. Wie kann man nur so ‚blind' sein? Warum habe ich sie nicht früher gesehen? Weil ich immer zu weit, nie so nah geschaut habe; der ‚Fokus' stand auf ‚unendlich'. Vorsichtig, Schritt für Schritt schieben wir uns an den beiden Rehen vorbei.

Die Dackel folgen nur unwillig, zu verlockend ist die Wittrung, die ja ein lustiges Jägdchen verspricht ...

Möglichst lautlos geht's an der Dickung entlang, wo ich auch schon einmal mit den Teckeln direkt an das vertraut äsende Rotwild herangestolpert bin; man muß hier ganz vorsichtig und konzentriert pürschen. Von dieser Dickung aus führen mehrere Wechsel hoch zur Fütterung. Jeder wird untersucht und verwiesen. Immer wieder bleibe ich stehen, lausche, schaue, suche einen lautlosen Tritt. Als ich wieder einmal langsam weiter will, stochert die alte Hündin auf dem gut erkennbaren Wechsel die Böschung hoch. „Sssst ...", sie hebt den Kopf, äugt mich fragend (?) an, geht weiter, die Nase am Boden. Abermals ein „Sssst!", schon schärfer, sie wird doch wohl nicht schneller werden? Nein, sie verweist, zeigt mir etwas. Ich lege die beiden anderen ab, gehe ein paar Meter die kleine Böschung hinauf und finde eine Bockabwurfstange. „Brav, mein Hund, laß sehen ...". Nicht schlecht, ein vielversprechender Sechser. „Jetzt bei Fuß", flüstere ich.

Die Dickung haben wir hinter uns, Hochwald nimmt uns auf. Einem Schwarzspecht schaue ich zu, wie er hämmert, lärmt, dann flötend übers Tal streicht, „früh dran, der Kamerad“, denke ich. Drei Dackelköpfe zittern hangaufwärts. Wie das? Wind von unten. Ein kaum vernehmbares Knistern – woher? Die Dackel zeigen die Richtung: Fuchs! Gerade überm Weg. Verschwunden. Hunde abgelegt, Drilling parat, jetzt schnell, aber leise. Ich taste zügig denWeg vor, alle paar Schritte den bewaldeten Hang absuchend. Wo ist der Fuchs? Dort – schnürt langsam quer zum Hang. Jetzt steht er breit. Reicht's für Schrot? Ja – Schuß – mit klassisch wehender Standarte wischt Reineke davon. Vorbei? Etwas besorgt blicke ich mich um, doch die Dackel sitzen alle drei noch auf dem Weg. Aufgeregt zwar, bereit, jeden Moment loszustürmen (bei drei Hunden genügt das Zucken nur eines Hundes, um alle drei die gute Erziehung vergessen zu lassen). Ich hebe den Arm, warte eine Weile, die Aufregung muß sich legen, bei den Hunden und dem Jäger. Dann nehme ich die Jüngste auf den Arm, lasse die beiden anderen auf dem Weg und gehe zum Anschuß. Ein bißchen Wolle. Aha, da unten, das müßte er sein. Ich lasse den Hund frei, aufgeregt umkreist er den Anschuß, saugt sich fest, stiebt jodelnd zu Tal und stolpert fast über den längst verendeten Fuchs. Ich lasse ihn gewähren, sich austoben und hole die beiden anderen Dackel. Wunderbar, so hat jeder etwas von diesem spätwinterlichen – oder vorfrühlingshaften? – Pürschmorgen. So macht das Pürschen Spaß, auch mit drei Dackeln – sofern sie gut erzogen sind.

Böcke

Wenn morgens um vier Uhr das Telefon läutet, ist Alarm, oder es ist die Polizei. Letzteres. „Ja, Wildunfall, wo, aha, Kilometer 4,3. Welche Richtung? Tot? Schlimm?“ Immer das gleiche, um diese Jahreszeit. Das Wild sucht die ersten frischen, grünen, ungejauchten Flächen auf, muß Straßen überqueren, dann ist's passiert. Einstandskämpfe kommen hinzu. Jedes Jahr dasselbe. Wildunfälle nachsuchen hasse ich. Es fängt deprimierend an – und endet oft auch so.

Neben meiner sonstigen, schon zur Routine gewordenen Ausrüstung nehme ich bei Nachsuchen dieserart immer noch eine große Wildwanne mit, denn meistens, kommt man ans Stück, ist es gerade noch gut für den Luderplatz.

Die Polizeiangaben, sollte man meinen, sind präzise, wahrscheinlich aber nur für Bericht, Protokoll und Verwaltung. Selten einmal – und dann ist zufällig ein Beamter Jäger – sind diese Angaben ‚jägerisch‘ oder gar ‚nachsuchentechnisch‘ verwertbar. Dabei würde ein kleines, farbiges Bändchen schon so viel helfen!

Ich parke den Wagen in einer Bucht, nehme die Teckelhündin kurz am Schweißriemen, suche entlang der Straße verzweifelt und erfolglos ‚den Kilo-

Glücklich von gemeinsam erfolgreich abgeschlossener Schweißarbeit zurück

meter Vier-Komma-Drei'. Auch auf der Straße kein Schweiß, keine Scherben, keine Bremsspuren. Wo soll ich hier anfangen? Nochmals lasse ich mir den kurzen Bericht des Polizisten von der Zentrale durch den Kopf gehen. Wald, Weg, Grund, Bach ... Also, versuchen wir es weiter oben noch einmal. Immer mehr Autos rauschen an mir vorbei. Zum Glück habe ich die rote Warnweste dabei, die ich mir jetzt überwerfe. Dies hält vielleicht doch den einen oder anderen Autofahrer davon ab, Gas zu geben. Ein ganzes Stück die Straße hoch, finde ich eine Bremsspur und ein paar Scherben. Das Braune auf der Straße könnte Schweiß sein – könnte. Der Verkehr verbietet eine eingehende Untersuchung. An der Straßenböschung lasse ich die Hündin am langen Riemen vorhinsuchen. Sie zeigt Interesse, will von der Straße fort Richtung Bach, Tal, Wald. Also los: „Zur Fährte!" Irgend etwas muß man ja tun.

Ohne eine Bestätigung folge ich der mit tiefer Nase suchenden Hündin. Am Bach geht's abwärts, parallel zur Straße. Hier trage ich das erste Mal ab. Beginne wieder von vorn. Der Teckel nimmt den gleichen Weg. „Also weiter, such verwundt, nur verwundt ..." Wieder geht's bachabwärts, weiter noch, dann, Himmel sei Dank, ein Wundbett. Kein Schweiß, nur etwas, hm, Pansen?, dünne Losung?, egal. „Weiter, mein Hund, such verwundt." Im Bogen geht's nun wieder Richtung Straße. Soll das denn richtig sein, kann das denn stimmen? Der Hund will vorwärts, also gehe ich mit. Weiter unten, zwischen Bach und Straße eine Weihnachtsbaumdickung aus kleinen Blautannen, dort zieht der Hund hin. Immer weiter, ohne Bestätigung, vertraue ich dem Teckel und folge durch die Dickung. Ein scharfer Ruck nach rechts, Nase hoch, erneutes Anziehen – da liegt er ja. „Gut, mein Hund, so ist's recht!" Der Bock ist tot und sieht völlig gesund aus. Nirgendwo Anzeichen eines Verkehrsunfalls. Beim Aufbrechen ändert sich das Bild: Innen alles durcheinander, alles nur noch Matsch. Furchtbar! Fuchsfutter!

Irgendwie bin ich froh, den Bock gefunden zu haben; doch Freude kann nicht aufkommen, nicht mal über die Leistung des Hundes. Ein guter Zukunftsbock, dies wäre noch zu verschmerzen. Aber ich weiß, daß der Erfolg von Unfallnachsuchen oft Zufall ist. Letztes Jahr habe ich hier eine Ricke nachgesucht, es war Schweiß, Schnitthaar, Scherben, alles, alles war da, nur kein Reh. Zu Hause kam dann ein Anruf, daß schon jemand das Stück eingepackt und mitgenommen hätte.

Oder neulich, die Ricke, auch hier im Grund. Brems- und Unfallspuren. Alles eindeutig. Die Ricke sollte schwerkrank – oder tot? – rechts des Weges

„Da liegt er ja . . . brav mein Hund . . ."

im Wald liegen. Suche hin und her, rauf und runter. Nach mehreren Stunden, der Verzweiflung nahe, als letzte Möglichkeit mit zwei Dackeln, frei das ganze Tal absuchend: Nichts! Zum Schluß lasse ich durch zwei Bekannte kurz die Straße sperren, untersuche mit Hund den Anschuß, der saugt sich fest, zieht auf die falsche, also gegenüberliegende Seite der Straße, und nach 100 Metern sind wir am längst verendeten – Bock. Unfallnachsuchen!

Es war mal wieder knapp mit der Zeit. Alles sollte nach Möglichkeit vorgestern schon fertig, jede Menge noch erledigt sein. Da obendrein beim Jagdherrn im Wort und mit den ‚Knopfböcken' im Verzug, wollte ich alles gut organisiert managen und so die ‚verlorene Zeit', die es ja gar nicht gibt, wieder hereinholen – meistens geht so etwas schief.

Ansitzmäßig ausgerüstet, die Teckel im Auto, gedachte ich schnell noch, vor dem Abendansitz, den aufgetauten Rehwildschweiß zu vertupfen und so für morgen früh der jungen Hündin eine Übernachtfährte anbieten zu können.

Mit Schweißkanne und Tupfstock marschierte ich los Richtung Anschuß (ich tupfe überwiegend, da ich so den Schweiß gezielter anbringen kann auf Ast, Boden, Blatt oder Stein, als aus der Flasche getropft). Diesen präpariere ich sonst immer mit viel Aufwand und Phantasie, heute wurde nur flüchtig mit dem Stiefel ein Wundbett gekratzt, ein paar Schweiß- und Wildbretbrocken hineingelegt, Anschußbruch – fertig. Da ich diese Fährte mit einer anderen Hündin schon gearbeitet hatte, mir also Verlauf und Eigentümlichkeiten bekannt waren, erübrigte sich ein Markieren, und ich kam schnell voran. 250 Meter durch ein Stangenholz, Wundbett, rechts eine Schneise entlang, im leichten Bogen einen Waldweg gekreuzt, ging es ab in den Hochwald. Wieder ein Wundbett, tupfte ich rechtwinklig den Hang hinab, an der Fütterung vorbei – was ist das? Wie angewurzelt bleibe ich stehen. Reh oder Fuchs? Oder gar Stamm? Kanne abgestellt und Stock daneben, überstelle ich mich und habe ein Reh vor mir im Bett. Schmalreh, Ricke oder Knopfer? So ein Ärger: Weder Glas noch Waffe dabei, beides liegt im Auto. Das Stück hat mich noch nicht spitz, scheint zu schlafen; der Wind steht auch gut. Langsam und leise ziehe ich mich zurück. Es klappt. Nun aber schnell. Im Laufschritt geht es zum Auto, Glas und Waffe geholt. „Nein, ihr müßt hierbleiben, ich komm' gleich wieder ...", beruhige ich die Hunde. Türe zu, Laufschritt zurück. Jetzt ruhig, verschnaufen, Waffe laden. Ganz langsam, ganz ruhig bis dort, wo die Schweißkanne steht. Nur ja keinen Krach jetzt. Ganz vorsichtig ... Da steht das Reh. Im Glas spreche ich es als Knopfbock an. Na prima! Ein wenig müßte er sich noch quer stellen. Warum er bloß immer zu mir heräugt? Nun steht das Stück breit. Nach dem Schuß stürmt es davon, wird langsamer, fällt, liegt, Waidmannsheil! Das hat ja prima geklappt!

Erst jetzt merke ich, wie ich schwitze und schnaufe, wie erregt ich bin. Jetzt sollte man die ganze tolle Geschichte einbauen in die Fährte, so wie ich's immer den Jungteckelführern rate. Aber wie? Ich steh' hier oben mit meiner Schweißkanne, da unten liegt der Bock, und meine Dackel sind im Auto.

Die Kanne lasse ich einstweilen stehen, gehe im großen Bogen von vorne auf den Bock zu, ziehe ihn noch knapp hundert Meter bis zum Dickungsrand und breche ihn dort auf. Dann gehe ich, ohne über die Schleifspur zu treten, zur Kanne zurück und tupfe von dort das letzte Stück bis zum richtigen Anschuß. Jetzt habe ich eine angetupfte Fährte, die übergeht in eine Naturarbeit. Ganz stolz bin ich auf mein Kunstwerk.

Als ich beim Auto ankomme, ist es fast schon dunkel, und ich unternehme nur noch einen kleinen Spaziergang mit höchst aufgeregten Dackeln, denn sie haben das Ereignis mit ihren Nasen längst durchschaut, so wie ich stinke!

Früh am nächsten Morgen bin ich mit der jüngsten der drei Dackeldamen im Revier. Frei bei Fuß schlendern wir zum Anschuß. Feucht ist's, kühl und sommerlich. Ein schöner Morgen. Vor dem Anschuß heißt es „Halt, mach schön Sitz." Die Schweißhalsung um- und den Hund abgelegt, wird in aller Ruhe der Anschuß untersucht. Anstatt mich konzentriert zu beobachten, schaut die Hündin wer weiß wohin. Na, packen wir's an! „Zur Fährte, such verwundt, wo ist der Bock?" rüde ich sie an. Langsam, fast zu langsam setzt sie sich in Bewegung, bleibt aber gut auf der Fährte. Immer wieder rede ich ihr zu, ermuntere, mahne, es nützt nichts.

Die Hündin hat einen ‚desinteressierten Nachsuchenstil', sie scheint alles furchtbar zu langweilen. Mit Mühe kommen wir ans erste Wundbett, was sie sofort überschießen will. Ich mahne zur Ruhe, will, daß sie exakt den Haken ausarbeitet. Geht nicht, ich muß nachhelfen. Es ist zum Verzweifeln! Nur mit der Ruhe, ich muß mich jetzt zwingen, einen klaren Kopf zu behalten. „Such verwundt, Eibe, zur Fährte …" Wenn wir wenigstens bis zum richtigen Anschuß kämen! Es wird besser. Plötzlich zieht sie an, genau von der Stelle, wo ich die Kanne abgestellt. „So ist's recht." Am zweiten Anschuß herrscht große Aufregung und, o Wunder, genau auf der Krankfährte, dann auf der Schleifspur entlang führt sie zum Bock. Na prima! War das eine schwierige Geburt! Ob jetzt, nach so einem Schlüsselerlebnis, nach so einer ‚schön' hergerichteten Fährte der Knoten geplatzt ist, es nun besser geht? Abwarten.

Bauarbeiter oder: Es hätte auch anders ausgehen können …

Reiner Zufall: Ein Mitglied unserer Teckelgruppe hat vor Jahren im Schieferbergbau gearbeitet, und anläßlich eines Stammtisches kommt er ins Erzählen, wie es früher war, so unter Tage beim Abbau des grauen Gesteins. Von Höhlen, so groß wie Ballsäle, von Geröll, rutschig wie Schmierseife, und Schieferplatten, scharf wie Jagdmesser, erzählte er. Aufregend war dies, und als er schließlich schloß mit dem Hinweis, daß alle Jäger, die ihre Hunde zu Bau schicken, einmal solche Schieferhalden und -stollen erlebt haben sollten, wurde doch so manchem Jäger in unserer Runde sehr nachdenklich zumute.

Ich mußte an eine meiner ersten Fuchsnachsuchen im Wittgensteiner Land, die über eine alte Schieferhalde ging und an einem Felsbau endete, denken. Natürlich ließ ich die Hündin frei und auch einschliefen. Gott sei Dank zog sie nach kurzer Zeit den verendeten Fuchs heraus. Es hätte aber auch anders ausgehen können ...

Die gleiche Hündin war es, die ihr Führer anläßlich eines Spazierganges nur mal kurz in eine Röhre schauen lassen wollte. Die Röhre entpuppte sich als Bau, der Bau als Herrschaftssitz derer von Gräwing und – die Herrschaften schienen zu Hause zu sein.

Irgendwann und -wo hörten wir Hundelaut, weit fort, dann Ruhe. Am nächsten Morgen herrschte immer noch Stille, und immer noch war der Hund nicht da. Zu zweit begannen wir mit der Erdarbeit und gruben wie die Maulwürfe. Als es nicht mehr weiterging, besorgten wir einen Bagger. Mit diesem legten wir einige ‚Etagen' der Anlage frei und gelangten an den Mutterkessel, aus dem wir leider zwei Jungdachse zu Tage förderten. Der Dackel blieb verschwunden.

War es Eingebung, Faulheit, Nachlässigkeit? Das Baggerloch blieb jedenfalls frei und offen. Tage später entdeckten spielende Kinder den sich nach oben arbeitenden Teckel. Ohne die riesige Baggeröffnung hätte alles ganz anders ausgehen können.

Zu zweit mit einem Dackel nähern wir uns dem Fuchsbau, von dem der Bekannte überzeugt ist, daß er befahren ist. Leise verständigen wir uns durch Zeichen und nehmen unsere Plätze ein. Die Hündin, eigentlich zu stark und schwer als Schliefenteckel, wird geschickt, sucht den Bau ab, nimmt an und ist verschwunden. Wie aus sehr weiter Ferne klingt der Hundelaut zu uns. Es rührt sich was. Ruhig, gespannt und konzentriert warten wir auf große Ereignisse. Heftig scheint es da unten zuzugehen. Ist das aufregend!

Die Hände werden kalt. Die Konzentration läßt nach, und wir ziehen uns Handschuhe an. „Warum tut sich nichts?" Fragende Blicke hin und her. Ein Wischer beim Freund: Schuß – überschlagender Hundelaut – die Hündin hinterher. „Komm schnell", schreit der Freund, „ich kann nicht schießen wegen des Hundes!" In Riesensätzen eile ich zu ihm. Die Hündin umkreist lautstark eine starke Katze, die getroffen, nicht mehr weiter, sich aber immer noch vehement wehren und verteidigen kann. Je näher wir aufrücken, desto stärker fühlt sich der Hund bestätigt und unterstützt, und um so zudringlicher geht er die Sache an.

„Zurück! Aus!" Nichts kann den Hund abhalten. Die Katze schlägt, giftet, geifert, faucht. Aus nächster Nähe schieße ich. Viel größer als der ihr jetzt an den Balg fahrende Teckel war die Streunerin. – Der Bau, die Katze, der Schuß – es hätte auch ganz anders ausgehen können ...

Ausgerechnet eine verfallene Bunkeranlage auf einem Militärgelände hatten sich die Füchse als Burg Malepartus auserkoren. Da die Füchse angeblich die Wachhunde ablenken und verunsichern, sollte es ihnen mit Bauhund und Flinte an den Balg gehen.

Der Bau, die Anlage, sieht von weitem schon vielversprechend aus, und im Nu ist die Teckeline unter Tage. Lange, sehr lange ist nichts zu hören und zu sehen. Dann erklingt das hoffnungsfrohe, aufregende ‚Hau, hau', allerdings befremdlich hell und merkwürdig hohl.

Hin und her geht die aufregende Jagd unter Tage, daß uns ganz warm wird. Ohne Ankündigung springen gleichzeitig zwei Füchse, von denen einer fällt. Der andere entkommt unbeschossen und rettet seinen roten Balg zwischen Bäumen und Büschen.

„Waidmannsheil! Hat ja gut geklappt ..." Nach einer Weile taucht die Hündin auf; gar nicht im schmutzigen Bauarbeitergewand, sondern fast sauber.

Wochen später erfahre ich von einem alten Jäger, der die Anlage schon lange kennt, daß man hier besser nicht jagen sollte, denn schon zwei Teckel hat der Bunker behalten.

Auf ein Kitz

Frühherbstlicher Abendansitz bei spätsommerlichen Temperaturen zusammen mit einem Freund. Das Wetter hätte es verdient, eine offene Leiter zu beziehen, aber aufgrund der Wind- und Äsungsverhältnisse bevorzugten wir diese leider geschlossene Kanzel. Kaum haben wir uns eingerichtet, die Umgebung abgeleuchtet, markante Punkte entfernungsmäßig abgeschätzt, als ein Hase aus der Dickung rutscht.

Aus der unteren, die Wiese nach zwei Seiten umschließenden Dickung, schiebt sich eine Ricke. Es folgen zwei Kitze. Der Freund spricht lange ausgiebig an. Ich bestätige, daß das schwächere zu schießen wäre. Wir warten noch, vielleicht ziehen sie näher, vielleicht kommt noch etwas anderes in Anblick.

Hier und da äsend, ziehen die drei Rehe die Hangwiese hinauf, ohne sich jedoch entscheidend zu nähern. Immer noch sind es durchs Zielglas geschätzte gute 150 Meter. Da es dämmrig wird, dränge ich zum Schuß. Die Kanzelbrüstung ist für den Freund ein wenig hoch, so daß er aus der Hocke schießt.

Die Schußzeichen für mich, der ich mit dem Fernglas ‚durchs Feuer' schaue, sind eindeutig: Im Knall dreht sich das Kitz, fällt torkelnd um, rafft sich auf und folgt in rasanter Flucht den beiden anderen Rehen in die Dikkung. „Liegt", konstatiere ich und glaube, daß die Todesflucht am Dickungsrand geendet hat.

Bis zur völligen Dunkelheit bleiben wir plaudernd sitzen. Wir wollen ja der jungen Hündin die Chance einer einfachen Totsuche ermöglichen. Doch die vierläufige Begleiterin rast, am langen Riemen zur Fährte gelegt, einer imaginären, vielleicht auch den frischen Rehfährten nach. Ich bin wütend! Suche selbst am Dickungsrand das Kitz, das man, wie ich glaube, doch nur aufzulesen braucht, finde aber nichts. Schließlich nehme ich die alte Schweißteckelhündin, lasse vom ungefähren Anschuß an suchen und finde abermals nichts. Der Freund ist enttäuscht. Ich vertröste ihn auf den nächsten Morgen.

Die Nacht tut mir und dem Hund gut. In guter alter Nachsuchenmanier fange ich am Anschuß, den die Hündin verweist, zu suchen an. Ich finde Schnitthaar, Schweiß, bin aber über den Sitz des Geschosses weiter im Zweifel. Die Hündin arbeitet ruhig und konzentriert genau bis zum Einwechsel der drei Stücke. In der trockenen, dichten Fichtendickung geht es zügig weiter, dann reißt der Faden, die Hündin faselt. Trotz mehrmaligen Ansetzens geht nichts mehr. „Jetzt muß ein Schweißhund her", gebe ich enttäuscht auf.

Zwei Stunden später bestätigt der rote Bajuware den Anschuß und den Weg bis zur Dickung. Mehrmals abgetragen, neu angesetzt, kommt er auch nicht weiter. „Das gibt's doch nicht, bei den Schußzeichen!" „Doch", sagt der Nachsuchenspezialist, „Rehwild, besonders Kitze, sind oft schwieriger nachzusuchen als Rot- oder Schwarzwild. Das Stück ist nicht zu kriegen."

Ich kann und will dies nicht wahrhaben und bemühe mich um einen zweiten Schweißhundführer mit einem angeblich ‚besseren' Hund. Nach telefonischer Einweisung sagt dieser aber gleich ab: „Aussichtslos!"

Ich bin mit meinem Latein und meinen Nerven am Ende. Mit drei Teckeln stelle ich die gesamte Dickung auf den Kopf. Gehe, nein, krieche Reihe für Reihe durch. Umschlage die Dickung mehrmals mit den Hunden. Nichts! Das Kitz ist wie vom Erdboden verschwunden. Der Makel bleibt.

Teckelmeute

Der Tag selbst, aber auch die Vorbereitungen schon, sind alles andere als positiv. Zu einer Schalenwilddrückjagd im Hessischen sollte es mit der Meute gehen. Doch wie es manchmal so läuft, einer nach dem anderen von den Hundeführern mußte aus allerlei Gründen absagen, so daß sich die Teckelzahl auf sechs reduzierte. In meiner Not versuchte ich, drei ‚fremde' Hunde samt Führern einzubauen – ein Fehler, wie sich später herausstellte. Als gar am Abend vorher ein Freund mit seinen zwei guten Teckeln auch noch absagte, hätte ich am liebsten die ganze Sache abgeblasen.

Morgens, während der Fahrt durchs Hochsauerland, herrschte Schneetreiben! Mir schwante nichts Gutes.

Meine Befürchtungen wuchsen, als ich sah, daß wir in eine bestehende Treiberwehr mit ein paar Hunden integriert werden sollten. Keine guten Voraussetzungen. Als gar noch ein ‚fremder' Wachtel beim Anstellen und Angehen permanent Laut gab, wir just auch noch feststellten, daß eine der fremden Teckelhündinnen heiß war, schien der Tiefpunkt fast erreicht. Wir mußten sie ins Auto packen, sie hätte sonst die ganze Jagd geschmissen.

Erstes Treiben. Noch sind die Treiber motiviert und die Teckel munter. Schüsse fallen ringsumher, also sind wohl Sauen im Treiben. Es läuft ganz gut. „Treiben zurück ..." Nochmals Sauen. Abblasen.

Nach und nach treffen Schützen und Teckelmeutemitglieder am Treffpunkt ein

Wir stapfen durch den Schnee den Hang hinauf. Ein Teil der Treiberwehr wartet schon, aber wo sind die Dackel? Keiner zu sehen. Mir wird ganz plümerant. Und diese dummen Bemerkungen allenthalben. Wo sind nur die Hunde? Der Jagdherr kommt angestapft. Er schwärmt von den Teckeln. Das, was er an Rot- und Rehwild gesehen hatte, sei sehr gut gewesen. Bogenrein. Langsam und gewissenhaft. Wunderschön! Ach, tut das gut! Und da kommen sie ja. Einer nach dem anderen kommt angedackelt, nur zwei fehlen: die Fremden.

„Ist ja klar, Dackel jagen weit und sind langsam, also brauchen sie mit ihren kurzen Läufen etwas länger. Wer was von Jagd versteht, weiß das", erzählt einer altklug, aber treffend.

Mittags fehlt immer noch ein fremder Dackel, und sein ebenfalls nicht zur Meute gehörender Führer gibt entnervt auf. Da in den großen Dickungen viel Wild steckt und auch reichlich Schnee liegt, ermüden unsere Hunde zusehends, Reservehunde haben wir nicht dabei. Am Ende des Jagdtages herrscht nicht die ganz große Euphorie. Fremde Führer und Teckel kurzfristig ‚einbauen' ist immer problematisch, und entsprechende Schneelage zeigt den Teckeln schnell die Grenzen auf. Und außerdem waren wir für so große Dikkungen einfach zu wenig.

Ganz anders dagegen bei meinem Freund, der am Vorabend abgesagt hatte. Der Schnee wurde in seinem Ort zum Kreisen genutzt, und schon am späten Vormittag waren die Kreiser zurück und meldeten „Sauen fest"!

Sofort wurde telefoniert. Aus dem Nachbardorf rückte vollzählig eine ganze Jagdgesellschaft an, und schon kurz nach Mittag standen 25 Schützen bereit. Da nur der Teckelführer mit seinen beiden Hunden als Treiber in Frage kam, lächelten einige Jäger mitleidig, andere wären am liebsten wieder umgekehrt: „Mit zwei Dackeln Sauen jagen ...?" Die Männer beruhigten und fügten sich in ihr Schicksal.

Am Einwechsel drang mein Freund mit seinen zwei Dachshunden in den Schneeverhau ein. Nach kaum fünf Minuten der erste Laut. Giftig geifernder Standlaut ertönt gedämpft aus verschneiter Dickung. Mein Freund kroch auf allen Vieren dem Bail entgegen. Er entdeckte einen der Teckel, einen tiefhängenden Fichtenast verbellend. Plötzlich hob sich der Ast. Ein Keiler zog im Stechschritt auf den Giftzwerg zu, an seinem Pürzel hing der andere Teckel. Kein Freund von langem Zaudern, wie's sich gehört bei der Schwarzwildjagerei mit lauten Hunden, legte der Freund an und schoß. Der Basse fiel, die Hunde auch, aber über ihn her. Was für ein Keiler! Der stärkste, der dort in letzter Zeit erlegt worden war. Die Hunde zerrten und zausten und als die ersten neugierigen Jäger herbeieilten, wurde der Urian wieder munter. Fangschuß! Glück gehabt!

Nach 15 Minuten war die ganze Saujagerei vorbei. Der Jagdtag noch nicht. Doch niemand lächelte mehr abwertend über die ‚kleinen, untauglichen' Saudackel.

Ansitz-Drückjagd

Zwei Hasen hatten wir letztes Jahr mit 25 Schützen auf der Treibjagd geschossen. Viele waren es ja nie, die auf der Strecke lagen, aber zwei Mümmelmänner – dies war doch ein bißchen wenig bei all dem Aufwand. Schon bei der Planung der diesjährigen Jagd wurde klar, entweder alles anders oder gar nichts zu machen. Für ‚gar nichts' sprach nichts, gegen ‚gar nichts' alles. Also war ich in der Pflicht und mußte mir etwas einfallen lassen, was, wenn es um Jagd und Hunde geht, mir nicht schwerfällt. Ansitz-Drückjagd mit ‚gedrosseltem' Teckeleinsatz lautete die Formel!

Fünfundzwanzig Schützen, angesetzt und angestellt in zwei Bögen (Jagen), einer früh, einer nachmittags. Jeder Bogen, bestehend aus zwei Revierteilen, sollte von jeweils zwei voneinander unabhängigen Durchgehschützen mit Teckeln ‚angerührt' werden. Gelände, Revierverhältnisse, Hochsitze sowie Anlaufmöglichkeiten erlaubten diese Vorgehensweise. Planung, Organisation und Ausführung des Unternehmens verursachten einen gewaltigen Aufwand, aber einerseits sah ich die Möglichkeit des Jagens mit den Teckeln, und andererseits war ich vom Erfolg überzeugt. Daß ich selbst mit meinen Hunden einer der Durchgehschützen war, verstand sich von selbst.

Mit drei Teckeln wartete ich, nachdem ich einige Schützen angestellt hatte, vor der Dickung auf das Anblasen. Die alte Hündin, Anschi, ein wenig auf

Schweiß spezialisiert, wollte ich nicht schnallen, denn zum Stöbern hatte ich ja die beiden Jüngeren.

In Gedanken ging ich nochmals das Jagen durch. Alles hing von den Hunden und mehr oder minder vom Zufall ab, dem ich aber ein wenig nachzuhelfen gedachte. Es gab da einige vielversprechende Dickungskomplexe, in denen ich auf Hunde angewiesen war, also würde ich immer nur einen jagen lassen, um Prioritäten setzen zu können, denn über die Stöbereigenschaften der Jüngsten war ich mir noch nicht hundertprozentig klar. Vielleicht würde sie nur hinter ihrer Mutter herlaufen, kamen mir plötzlich Bedenken. Dann erklang das Signal Anblasen.

Ich setzte das Horn an, Cleo dackelte in Stöberteckelmanier davon und war kurz darauf schon laut. Ihr Laut verklang. Das hörte sich ganz nach Rehwild an, so zügig und flott und ohne Unterbrechung. Das Durchstreifen der lockeren Dickung, gefolgt vom Hochwald ging mit zwei angeleinten Teckeln noch, aber die große Dickung, in der manchmal auch mit Rot- oder Schwarzwild zu rechnen ist, ist nichts für diese Art des Anrührens. Ich ließ, entgegen meiner ursprünglichen Planung, auch die Kleine frei. Wie ein Strich ist sie davon.

Auf einem Rotwildwechsel bummelte ich gemächlich durch die Dickung. Beide Teckel waren jetzt laut. Auf einer angedeuteten Schneise machte ich halt. Ich hatte ja fast drei Stunden Zeit. Vorsichtshalber lud ich den Drilling, vielleicht tat sich ja etwas ...

Giftiger, sich schnell entfernender Teckellaut erscholl, oberhalb des Hanges und meiner ‚Stellung'. So angespannt – oder verträumt – muß ich dem Hundelaut nachgelauscht haben, daß ich den Hasen, auf den der Hund mich aufmerksam gemacht hatte und der nun direkt vor mir saß, übersehen und nicht rechtzeitig bemerkt hatte. Nach einem Kegel, Blume zeigend – zu spät für einen Schuß – empfahl er sich. Spurlaut kam nun direkt auf mich zu. Waffe hoch, Konzentration – der Hund, die Kleine war's, die die Hasenspur arbeitete, erschien. Trillerpfiff! „Zu mir, laß ihn laufen, wir gehen in die andere Richtung ...", drosselte ich ihren Jagdeifer. Schade! Ein geschossener Hase vor dem Hund wäre genau das Richtige. Ich liebelte sie ab. Weiter ging's.

Am Dickungsende sprach ich einen Vorstehschützen an, der Waidmannsheil auf ein Schmalreh gehabt hatte. Direkt vor dem Teckel hatte er es geschossen, und ein Fuchs wäre auch gekommen, aber er – der Schütze – sei zu langsam gewesen. Trotzdem war er ganz begeistert.

Eine Weile schloß sich die junge Hündin uns an, während wir schräg durch den Hang kletterten, der am Ende spitz in ein Stangenholz und eine Dickung ausläuft. Da ich alle Stände kenne, richtete ich meine ‚Wanderung' so ein, daß ich möglichst nicht gesehen, aber von den Schützen, so sie nicht ganz taub waren, gehört werden konnte. Sie sollten wissen, daß da vor ihnen ein Mensch, ein jagerischer, und keine Sau herumkrebste. Die junge Hündin mußte schon wieder fort sein, denn nun jagte sie an Rehwild quer durch den Hang Richtung Rückwechsel. Im hohen Holz erkannte ich Ricke, Kitz und – wahrscheinlich Schmalreh. Langsam, vertraut, immer wieder verhoffend,

‚wippten' sie durch den frühwinterlichen Wald. Wenn ich allein gewesen wäre, hätte ich schießen können.

Der Laut verklang, fern fiel ein Schuß. In der spitzauslaufenden Dickung nahm ich Kontakt zu einem der Schützen auf, der aufgeregt von fünf Füchsen erzählte, die alle auf ein und demselben Paß gekommen waren, ohne daß er habe schießen können. Ärgerlich, doch ich heuchle Bedauern: Der Stand gut, die Hunde auch, Wild war ebenfalls vorhanden, nur der falsche Jäger am richtigen Ort. Doch so etwas wird immer wieder vorkommen.

Die zweite Hälfte dieses Jagens sollte dem rückwärtigen Hang des ‚Kopfes' gelten und besteht überwiegend aus dichten Fichtendickungen. An Schneisen, Wegen und Dickungsrändern standen Schützen. Ich würde ein bißchen mehr Krach machen müssen, um bemerkt zu werden. Jetzt bräuchte ich die Hunde. Wo waren sie nur?

In einer lichten Reihe saß vor mir plötzlich ein Hase. Kegel, die Löffel ‚orten' – dann hoppelte er weiter. Direkt auf der Spur des Waldbockelmannes schnallte ich die alte Teckelhündin, die ich ja eigentlich der Nachsuchen wegen dabeihatte. Hasenspur konnte ja nicht schaden. Auf ging's. Interessiert bögelte sie sich ein, saugte sich fest, und mit rauhem, tiefem, dackeluntypischem Spurlaut läutete es hangaufwärts. Noch lange konnte ich den abgehackten, oft unterbrochenen Hasenspurlaut vernehmen. Doch kein Schuß fiel. Schade!

Beim ‚Hahn in Ruh'' des ersten Jagens fehlte nur die alte Anschi, die ich zuletzt noch auf den Hasen geschickt hatte. Zwei Rehe lagen auf der Strecke, mindestens fünf Füchse und zwei Hasen waren gesehen worden. Alle waren zufrieden. Während der Mittagspause im Revier tauchte auch die alte Dackeline wieder auf.

Das Anstellen der Schützen für das nächste Jagen nahm einige Zeit in Anspruch, aber wir hatten ja den ganzen Nachmittag noch vor uns. Nur die beiden jungen Teckel nahm ich jetzt mit, nachdem auch sie sich am Feuer ausgeruht und neue Kräfte gesammelt hatten. Das Konditionstraining hinter dem Fahrrad machte sich nun bezahlt: Nicht die Spur von Müdigkeit.

Gleich in der ersten Dickung erklang ‚Musik'. Beide Hunde überschlugen sich förmlich im Lautgeben. ‚Rehwild ...' In Schleifen und Bögen ‚rührte' ich durch Busch und Bestand. Ich beneidete keinen der angestellten Schützen, hatte ich doch Bewegung, sah viel Wild, jagte mit meinen Hunden, was wollte ich mehr? So macht das Jagen Spaß!

Kurz vor einem rotwildverdächtigen dichten Stangenholz konnte ich zufälligerweise beide Hunde anleinen und versammeln. Schwerpunkte bilden, nennt man das.

Nun schnallte ich zuerst die junge Eibe, die sofort fand und lauthals jodelnd im Kreis um mich herum jagte, ohne daß ich Wild zu Gesicht bekam. Auch Cleo schnallte ich, die etwas höchst Interessantes in der Nase zu haben schien ... und schon war der Hase fort. Cleo sichtlaut jubelnd hinterher. So ein Pech!

Abgelegt! Meine kleine Dreier-Meute. Gehorsame Hunde kann man überall hin mitnehmen, sogar zum winterlichen Füttern

Doch Eibe jagte immer noch im Kreis. Jetzt kam sie auf mich zu. Ricke, Kitz – und noch eines. Auf knapp dreißig Meter kam ich auf das letzte Kitz zu Schuß. Die anderen beiden Rehe sprangen gar nicht einmal hochflüchtig davon. Eibe läutete heran, raste ans Kitz. „Brav' mein Hund!" Stöberjagdfinale! Schnell hatte ich das Stück aufgebrochen und samt Aufbruch an eine Fichte gehängt, damit die Hunde sich nicht gütlich tun. Weiter!

Mit freudigen Gesichtern sammelten sich die Jäger an der Hütte. Ein Reh mußte nachgesucht werden; keine Schwierigkeit für Anschi: es wurde eine kurze Totsuche. Verblasen wurden im Fackelschein fünf Rehe und ein Fuchs.

Während des Schüsseltreibens fragte ich die Jäger aus: Alle hatten Anlauf und Anblick, alle ohne Ausnahme waren zufrieden und hatten die Jagd genossen. Ich auch, ist mir doch die Jagd mit spurlauten Teckeln mit das liebste Jagen überhaupt: aufregend, stilvoll, befriedigend, zu Herbst und Winter passend, den Jagddruck mindernd, da erfolgreich und nicht störend.

Zucht des Jagdteckels

Der Kreis schließt sich: Wir haben beim Züchter angefangen und enden mit einigen Anmerkungen über die Zucht des Jagdteckels. Nun gibt es viele gute bis sehr gute Bücher über die Hundezucht im allgemeinen und die Dackelzucht im besonderen (s. Literatur), und ich möchte nicht den untauglichen Versuch unternehmen, hier noch eines draufzusetzen. Versäumen möchte ich allerdings nicht, aufgrund meiner Erfahrungen anzumerken, was man in der Teckelzucht tunlichst nicht unternehmen sollte.

Kaum ein Teckelführer, der einen Welpen erworben, erzogen, auf Prüfungen geführt und mit ihm gejagt hat, denkt am Anfang eines Jagdteckellebens ans Züchten. Ich habe auch nicht daran gedacht. Doch, irgendwann, erst vage, dann konkret, besonders wenn sich Erfolg einstellt, wenn auch die Jagdkumpane drängen und drängeln, „... von der hätte ich auch gern einen ...", „ja so einen Teckel hätte ich auch gerne ...", ja, dann kommt man, ehe man sich versieht, zum Züchten. Ist es nicht nur ein brauchbarer, sondern auch noch ein schöner Hund, sind alle Zeichen Richtung Teckelzucht gestellt.

Obwohl ich in der Züchterei nicht nur Erfolge hatte, sondern auch schwer Lehrgeld gezahlt habe, letztlich sogar gescheitert bin, habe ich es trotz allem nicht bereut! Es gibt kaum etwas Schöneres im Leben eines Hundefreundes, als einen Wurf Welpen – mit Erfolg – großzuziehen. Viel habe ich gelernt, ganz neue Perspektiven taten sich auf, interessante Leute habe ich durch die Zucht kennengelernt. Die Teckelzucht hat mein Leben bereichert.

Jedem Jäger, der mit seinem Teckel zufrieden ist, ist zu raten, wenn er will und das Umfeld (Familie, Beruf, Wohnverhältnisse) mit der Züchterei vereinbar sind, einmal einen Wurf zu ziehen. Allerdings sollten verschiedene ‚Spielregeln' eingehalten werden, denn, so meine Erfahrung, besonders Jäger neigen dazu, nur einen einzigen Wurf zu ziehen und dies ‚schwarz' zu versuchen – „... wozu der ganze Aufwand für nur einen Wurf ...?" Hunde ohne Papiere, sehr hübsch, in gute Jägerhände abzugeben, lauten dann die Anzeigen und Bitten. Nein, Teckelzucht ist schön, aber auch verantwortungsvoll und sollte seriös betrieben werden oder gar nicht!

Züchter ist in der Regel, wer mit einer Hündin züchtet. Der Deckrüdenbesitzer beteiligt sich auch an der Zucht, nur ist er eben kein Züchter.

Im DTK darf man mit allen Teckeln innerhalb der Haararten und Schläge züchten, sofern sie den Formwert ‚sehr gut' oder höher erhalten haben. Für Jäger aus den alten Bundesländern ist dies natürlich ungenügend und unbefriedigend, für die Jäger aus den neuen Bundesländern, wo früher ja in erster Linie nur auf Gebrauch gezüchtet wurde, ist dies gar völlig unverständlich.

Der wohlerzogene – hier abgelegte – Teckel hinterläßt auch auf der Zuchtschau einen guten Eindruck

Das mindeste, was ein Jäger bezüglich der Zuchteltern anstreben sollte, ist der Aufdruck ‚aus Jagdgebrauchsteckelzucht' in der Ahnentafel. Mit diesem Prädikat wird dokumentiert, daß alle Ahnen kontinuierlich die Leistungszeichen Sp und BhFK nachgewiesen haben. Nach einem nur schwer nachvollziehbaren System werden allerdings kleinere ‚Lücken' geduldet.

Da der Dackel sowohl von Schönheits- als auch von Gebrauchszüchtern gezogen wird und wir als Jäger nur den Jagdteckel akzeptieren, legen wir die Meßlatte höher: Alle Hunde auf der Ahnentafel sollten mindestens im Gebrauchsteckelstammbuch (GTSt) eingetragen sein; Gebrauchssieger wäre noch besser!

Alle meine Hündinnen hatten eine GTSt-Nummer, und als Rüden habe ich nur beste und allerbeste Deckrüden herangezogen, und trotzdem: Meine Hunde wurden immer kleiner, immer schöner und – immer untauglicher! Mein letztes Zuchtprodukt (am Ende dieses Kapitels gehe ich auf diesen interessanten Hund noch mal ein, da man anhand dieses Beispiels viel lernen kann) war der Papierform nach als Zuchthündin gar nicht übel, meinem persönlichen Maßstab nach aber zuchtuntauglich, da aufgrund mangelnder Robustheit, Härte und Schärfe sowie ungenügender Passion die Zucht mit ihr nicht verantwortbar war. Leistungszeichen (Sp, Vp, St) und Formwert ‚vorzüglich' helfen da auch nicht viel.

Nun wäre dies alles noch kein Weltuntergang, man besorgt sich eine andere Hündin und züchtet mit dieser weiter. Doch wer garantiert, daß die Neue dann besser ist? Wesensmängel tauchen in keiner DTK-Ahnentafel auf. Zwar beginnt der Text in den Zucht- und Eintragungsbestimmungen vielversprechend, es wird auf unbedingte Wesensfestigkeit der Zuchttiere verwiesen, aber er endet weich und schwammig und für Jagdteckelfreunde unbefriedigend, denn es darf mit allen Hunden gezüchtet werden, die den Formwert ‚sg' oder besser haben. Kein Wort vom Wesen des Hundes!

Mit meinem persönlichen Negativbeispiel möchte ich niemanden von der Zucht abhalten. Ich will lediglich darauf hinweisen und ermahnen, nur allerbeste Hunde in Leistung und Wesen für die Zucht heranzuziehen.

Viele Nichtjäger meinen, Wesensstärke sei nur etwas für Jagdhunde. Welch ein Irrtum! Wesensstärke braucht jeder Hund, um ein unkomplizierter Hausgenosse, Spielkamerad, Begleit- und natürlich Gebrauchshund zu sein. Gerade heute, in unserer hektischen Zeit mit Streß, Straßen, Verkehr, engen Wohnverhältnissen usw., ist der nervöse, ängstliche, um sich beißende, kaum erziehbare Hund nicht mehr gefragt. Der Trend der letzten Zeit, hin zum ‚natürlichen' Hund – nordische Rassen, unverbrauchte Terrierarten und auch zum Jagdhund –, ist nur Indiz und Wunsch nach mehr Substanz, mehr Robustheit, Unkompliziertheit, also Wesensstärke!

Jeder, Jäger und Nichtjäger, muß sich klarmachen, warum der Dackel zum beliebtesten Hund der Deutschen wurde: Es war nicht seine Größe, nicht seine Drolligkeit, nicht seine Jagdeigenschaften, nicht seine Schönheit; er wurde es aufgrund seiner Charaktereigenschaften, aufgrund seines *Wesens*! Dies gilt es zu allererst zu erhalten, alles andere hat sich der Wesensstärke unterzuordnen. Wenn alle so denken und handeln würden, also Wesen *vor* Schönheit und Kleinheit, bräuchte uns um den Jagdteckel nicht bange zu sein.

Aber auch der nicht züchtende Jäger kann etwas für die Zucht des Jagdteckels tun und diese Hunderasse fördern. Jeder Jäger nämlich, der einen Teckel aus jagdlicher Zucht erwirbt, sollte, allein aus Verpflichtung gegenüber dem Züchter und der Rasse, seinen Hund auf Gebrauchsprüfungen führen. Gute Worte und Lobeshymnen nutzen dem Züchter wenig, da sie, objektiv gesehen, nichts aussagen. Nachprüfbare Leistungen, und dies sind nur die Prüfungen oder Leistungszeichen (z.B. ‚Natur'), sagen dem Züchter und dem späteren Welpenabnehmer etwas über die jagdlichen Qualitäten eines Hundes. Nur jagdlich brauchbare Hunde fordern, ohne etwas dafür zu tun, bringt die Zucht, den Teckel als Jagdhund, nicht weiter.

Hat man sich zur Zucht entschieden, müssen also beide Elterntiere auch den entsprechenden Formwert haben. Der Hündinnenbesitzer, der Züchter, muß sich rechtzeitig um einen Zwingernamen bemühen und diesen eintragen sowie schützen lassen. Frühjahrswurf planen; ebenfalls rechtzeitig mit einem

Deckrüdenbesitzer Kontakt aufnehmen, z.B. Bilder, Ahnentafeln austauschen sowie Decktaxe ‚verhandeln'. Ist die Hündin dann heiß, ist es für solche Gespräche meist zu spät. Gestaltet sich die Suche nach einem guten, passenden Deckrüden schwierig, hilft der Zuchtwart der örtlichen oder regionalen Teckelgruppe sicher weiter.

Die Zuchtvoraussetzungen im Verein Jagd-Teckel sind in einigen Punkten abweichend vom DTK, weshalb ich sie hier auszugsweise anführe.

Das Mindestzuchtalter für Rüden beträgt 18, das für Hündinnen 15 Monate (DTK: beide 15 Monate). Das Höchstzuchtalter für Rüden ist auf 10, das für Hündinnen auf 8 Jahre festgelegt.

Beide Elterntiere müssen eine Spurlautprüfung bestanden und auf einer Formwertankörung für zuchttauglich erklärt worden sein. Selbstverständlich müssen beide Elterntiere frei von Erbfehlern sein, und vor der Zuchtverwendung auf erbliche Augenkrankheiten (s. Krankheiten) untersucht worden sein. Die Deckrüden müssen zusätzlich ihre Eignung zur Bodenjagd nachgewiesen, also eine Bauprüfung-Natur bestanden haben.

Unter Formwertankörung versteht der VJT keine Zuchtschau im herkömmlichen Sinn mit Preisen und Pokalen, sondern eine Zuchtwertermittlung, die sowohl den Formwert als auch das Wesen des Hundes festlegt. Die Wesensbeurteilung wird anhand von optischen und akustischen Reizen einerseits und während der allgemeinen Formwertermittlung überwiegend ‚auf dem Tisch' festgestellt. Wesensschwache Hunde sind zur Zucht *nicht* zugelassen.

Im Prinzip setzt der Verein seinen Weg, der ihn im wesentlichen vom DTK fortführte, konsequent fort, d.h. Zucht nur mit wesensstarken Jagdhunden. Die Einführung einer Wesensbeurteilung und somit den Zuchtausschluß von wesensschwachen Hunden ist ein richtiger Ansatz, und man könnte als Förderer des Jagdteckels rundum zufrieden sein, wenn da nicht die alleinige Prüfung am Naturbau ohne die vorherige Übung am Kunstbau wäre. Da alle Zuchtrüden die Baueignung nachgewiesen haben müssen, dies aber nur am Naturbau geht, befürchte ich eine extreme Verringerung der Zuchtbasis, was auch nicht im Sinne der Zucht des Jagdteckels sein kann.

Auch die Wesensbeurteilung mittels optischen und akustischen Reizen läßt noch Fragen offen hinsichtlich Durchführbarkeit, Aussagekraft, Transparenz und Nachprüfbarkeit bzw. Anfechtbarkeit. Man wird hier noch lernen müssen. Doch der Ansatz erscheint mir richtig.

Hunde mit erheblichen Wesensmängeln, besser gesagt mit starker Wesensschwäche, wie Überängstlichkeit, Übernervosität, wird man in einem gewissen Alter leicht als solche erkennen und beurteilen können. Wie sieht es aber mit geringen Wesensmängeln aus? Ein Beispiel, wie schwer so etwas einzuschätzen und zu erkennen ist, aber auch, welch fatale Folgen und Auswirkungen kaum erkennbare Wesensmängel haben können, sei anhand der von mir gezogenen Hündin Eibe erläutert.

Das Wurfprotokoll offenbarte eine Hündin mit normalem und eine Hündin mit schwach ausgeprägtem Biotonus. Wider besseren Wissens nahm ich die letztere, beeindruckt vom guten Haar und ausgezeichneten Körperbau, der schon beim jungen Hund vielversprechend war. Ich wollte halt endlich einmal eine ‚V-Hündin'.

Ansonsten war dem Welpen nichts, der Junghündin nur anzumerken, daß sie eher zu den Vorsichtigen gehörte und nicht die Mutigste war. Die Frühsterziehung gestaltete sich problemlos. Der Spurlaut am Hasen kam mit ungefähr viereinhalb Monaten. Die leicht sensible Hündin wurde als ‚leichtführig' eingestuft, nie brauchte ich grob zu werden, ein leichtes Anheben im Tonfall, ein gezischtes Pfui genügte in der Regel. Den mangelnden Finderwillen beim Üben auf der Schweißfährte schrieb ich in meiner Blauäugigkeit noch ihrer Spätreife zu. Später – zu spät – erkannte ich dies als mangelnde Passion, was nicht wenige Kynologen gar nicht einmal als echte Wesensschwäche anerkennen. Doch heißt dieses nichts anderes, als daß mangelnder Findewillen, Beutetrieb, meinetwegen mangelnder Selbsterhaltungstrieb – siehe Biotonus – vorhanden ist und/oder von Ängstlichkeit, Unsicherheit, wenig Härte gegenüber Wetter, Witterung, Dornen und Gestrüpp überlagert wird. Ein Jagdhund ohne ausgeprägte Passion ist in der Praxis unbrauchbar!

Auf einer Spezial-Zuchtschau in einer vollbesetzten Halle mit Hektik, Nervosität, Hundegejaule und Gekläffe allenthalben, saß mein Teckel die meiste Zeit ruhig neben mir, ließ alles souverän über sich ergehen und machte insgesamt einen derart gefestigten und abgeklärten Eindruck, daß ich wiederholt und mehrmals ‚ob meines wesensfesten Hundes' angesprochen und gelobt wurde.

Kurz vor der Schweißprüfung wurde mir klar, daß sie nie ein echter Schweißteckel werden würde, aber die Prüfung wollte ich doch versuchen. Ziemlich weit mußte ich ins Prüfungsrevier fahren, und es waren auch nur zwei Hunde gemeldet. Gleich als erster setzte ich meine schöne Hündin am Anschuß an. Lustlos stolperte sie los, ohne sich richtig festzusaugen. Immer war der Kopf oben, nie richtig konzentriert bei der Sache, und nach ein paar Hundert Metern ging sie trotz ‚Geld und guter Worte' keinen Schritt mehr weiter. Im heimischen Revier reichte ihr mangelndes Selbstbewußtsein gerade noch aus, Übungsfährten (mit meiner Hilfe) zufriedenstellend zu absolvieren. In fremder Umgebung überlagerte die allgemeine Unsicherheit den Fährten- und Findewillen.

Im Kunstbau dann ebenfalls ein lust- und passionsloses Herumgestochere, kein Schneid, kein Haß und keine Härte. Und doch schliefte sie anläßlich einer Drückjagd einmal in einen Naturbau und machte unterirdisch solch erheblichen Rabatz, daß die Jagdkumpanen ehrfurchtsvoll die Augenbrauen hoben, ich mir aber meinen Teil dachte und verschämt schwieg.

Die Stöberprüfung bestand sie mit einem 1. Preis, ein Glückstag für Hund und Führer, denn später auf der Jagd erwies sie sich gar nicht als der Super-Stöber-Hund. Sie sucht, besonders in fremden Revieren, nicht weit und nicht lange genug. Das ähnliche oder gleiche Phänomen wie bei der Schweißarbeit. Gerade noch als ‚Meutehund', zusammen mit ihrer Mutter, ist sie geeignet. Ihr Gehorsam und das Bestreben, stets Kontakt zum Führer zu halten und zu suchen, machen sie, oberflächlich betrachtet, zum idealen Treibjagdhund für anspruchslose Jäger: kein Weitjager, immer zur Stelle, nie Ärger, aber auch wenig Jagderfolg.

Gerade diese Unausgeglichenheit ist meines Erachtens ein typisches Merkmal des schwachen Wesensmangels und deshalb so schwierig zu erkennen und nur schwer einzuordnen: An einem Tag souverän und brauchbar, am nächsten Tag der totale Versager.

Fremde – auch Freunde und Bekannte, die mich und den Hund schon seit langem kennen – glauben heute noch, wenn sie den Hund bei einigen Arbeiten sehen, nicht an Wesensschwäche und behaupten allen Ernstes, dies sei eine falsche Einschätzung von mir, und ich solle ruhig einmal mit so einem ‚schönen' Hund züchten.

Wesensbeurteilung – keine leichte Aufgabe und noch viele offene Fragen. Besonders in Grenzbereichen. Doch für den verantwortungsvollen Züchter und Jäger muß es in diesem Fall heißen: Im Zweifelsfall gegen den Kandidaten, also Zuchtverbot!

Der kranke und der alte Teckel

Da es über Jagdhunde allgemein und insbesondere auch über deren Krankheiten genügend gute Bücher gibt, erlaube ich mir, ein paar Anmerkungen zu machen, die den Teckel speziell angehen.

Der Teckel, aufgrund seiner ‚Handlichkeit' eher ein Jagdhund für die Wohnung (und das Sofa) als einer für den Zwinger, wird ja auch demzufolge eher verweichlicht als vernachlässigt. Gar nicht so selten kann man es erleben, daß der große, der eigentliche Jagdhund, ein Leben im Zwinger, und der ‚So-nebenbei-Hund', der Teckel, sich in Haus, Garten, Küche und manchmal sogar Schlafzimmer eingenistet hat. Beides ist schlimm – für Hund und Jäger.

Immer habe ich meine Teckel zwar als Hunde, doch auch stets als Jagdkumpane, als Jagdgesellen angesehen. Vorschnell sollte man nun nicht schlußfolgern, daß dieses ‚Als-Kumpan-Ansehen' auch immer etwas mit der Haltung zu tun haben muß. Teckel in der Wohnung gehalten, mit wenig Jagdmöglichkeit und mangelnder Zuwendung, sind viel ärmer dran als Zwingerhunde mit ausreichender Jagdgelegenheit und entsprechendem menschlichen Kontakt. Wer seine Hunde nicht nur als Arbeitstiere – oder Ausstellungstiere – ansieht, wer Freude und Leid, Jagderfolg und Nachsuchenpech mit ihnen teilt, wer seinen Lebensrhythmus auf ein Leben mit Hunden abstellt und ausrichtet, der wird immer und ernsthaft ein gesteigertes Interesse daran haben, daß der Jagdteckel stets gesund, in guter Kondition und Form ist und möglichst alt wird. Das Leben des Hundes, ich deutete es schon an, ist viel zu kurz, nach menschlichen Maßstäben.

Was ist am Teckel anders? Was ist teckelspezifisch, wenn es um Gesundheit und Alter geht? Der Teckel, wenn er aus guter Gebrauchszucht stammt und entsprechend gehalten wird, ist ein gesunder und wenig anfälliger Hund, der im Schnitt oft wesentlich älter wird als größere Jagdhunderassen und damit in der Regel auch länger als brauchbarer Jagdhund zur Verfügung steht. Ein Alter von 14, 15, oft 17 Jahren ist gar nicht so selten und, sofern keine jagdeinschränkende Krankheit auftritt, ein Jagdteckelleben bis an die 12 Jahre fast die Regel. Größere Rassen kränkeln, siechen und altern häufig schon mit acht, neun Jahren.

Ernährung

Der Grundstein eines gesunden, langen Teckellebens wird, wie könnte es anders sein, und man kann es gar nicht oft genug hervorheben, schon in allerfrühester Jugend gelegt. Ein Welpe mit schwach ausgeprägtem Biotonus (siehe Kapitel Die Entwicklung des Welpen), d.h. mit wenig innewohnender Lebensenergie, der immer an die Zitzen angelegt und mit Pipette und Präparaten hochgepäppelt werden mußte, so ein Teckel wird zeitlebens anfälliger und kränklicher sein als sein robuster, kräftiger, vitaler Wurfkamerad mit ausgeprägtem Biotonus. Kommt dann bei so einem ‚Pflegefall' noch das Versagen des Menschen als Führer und Erzieher in der Prägungs- und Sozialisierungsphase hinzu, dergestalt, daß dem Junghund in diesem Entwicklungsabschnitt wenig geboten wird, auch hinsichtlich der Geschmackseindrücke, sprich einseitige, unausgewogene Ernährung, haben wir den Problemhund. Schon in der Jugend werden der schlechte Fresser und der gute Futterverwerter erzogen! Hunde, die von sich aus, von Jugend an, fast wie ein Fuchs, gute Allesfresser sind, werden auch ein Leben lang weniger anfällig sein. Hierin, in der vielfältigen, ausgewogenen, natürlichen Nahrungsaufnahme liegt meiner Meinung nach ein Grundgeheimnis des gesunden Hundes, der auch alt wird. Die Schäferhunde meiner Kindheitserinnerungen, fast Tag und Nacht im Einsatz, Schwerstarbeiter also, bekamen Nach- oder Totgeburten und Schweinefutter (Getreideschrot) zu fressen und waren stets in allerbester Form und gesund. Die Finnischen Elchhunde, die nie eine Wohnung von innen sehen, ernähren sich von Schlacht- und Küchenabfällen und haben ein Fell, Zähne und eine Gesundheit, von der deutsche Jagdhunde nur träumen können! Meine beiden ältesten Hündinnen – 15 Jahre – fraßen bis ins hohe Alter gewissermaßen alles: von weichen Kalbsknochen, Rinderpansen, über Dosen- und Trokkenfutter zu Obst, Gemüse und Fisch – einfach alles! Nur Süßigkeiten bekamen sie nie und – merkwürdig, oder eigentlich doch wieder nicht – sie mochten sie auch nicht, weil sie in der Jugend nicht darauf ‚geprägt' wurden.

Ausgewachsene Teckel, genau wie andere Hunde auch, sollten nur einmal am Tage eine Mahlzeit bekommen. Nach der Hauptmahlzeit, vor dem Schlafengehen, habe ich meinen Teckeln immer ein Stück harten Hundekuchen oder einen ebenso harten Trockenfisch zum ‚Zähneputzen' gegeben; als Zahnpflegemaßnahme sehr zu empfehlen!

Dies ist natürlich schon ein Punkt, der den Teckel vom großen Hund unterscheidet. Dem kleinen, lieben Kerl mit dem treuen Augenaufschlag schiebt man gerne mal ein Leckerchen zu – und verbreitet dann das Gerücht, daß der Teckel allgemein zur Fettleibigkeit neige ... Übergewichtige Hunde sind in der Regel konditionsschwach, damit auch eher anfällig für Unfälle oder Verwundungen und lange nicht so leistungsstark.

Fette Dackel sind schlicht ein Greuel! Doch tut man ihnen Unrecht, denn Schuld sind die Hundeführer. Immer öfter kann man beobachten, daß korpulente Jäger etwas übergewichtige Hunde führen, und man wird daran erinnert, daß sich mit der Zeit der Hund und Herr im Aussehen annähern. Verständlich, meine ich, wer sich selbst gehenläßt, läßt auch bei seinem Hund manches durchgehen. Sportliche Typen führen in der Regel athletische Hunde.

Im Prinzip läßt sich sagen, daß man seinem Teckel alles Eßbare, bis auf Süßigkeiten und rohes Schweinefleisch (wegen der Gefahr der Aujeszkyschen Krankheit – Pseudowut), füttern kann und soll, je abwechslungsreicher, um so besser.

Bewegung

Neben ausgewogener, gehaltvoller Nahrung ist natürlich ein ausreichendes Maß an Bewegung Garant für ein langes, gesundes Teckelleben. Wenn der Jäger seinen kleinen Waidgesell immer dabei hätte, bräuchte man über Bewegungsmangel, Bewegungstherapie, Bewegungsformen usw. kaum ein Wort zu verlieren. Aber wie sieht es in unserem Jägerleben häufig aus? Im gleichen Maß, wie wir uns vom Natürlichen entfernen, trifft dies noch viel stärker auf unseren Vierläufigen zu. Vom Büro ins Auto; mit ihm durchs Revier, zwei Wildäcker und eine Ablenkungsfütterung abgeklappert, dann flugs zum Ansitz auf die Kanzel. Wenn überhaupt der Hund dabei ist, dann ist er nur wenige Meter gelaufen. Vielleicht, und dies wird schon als ‚Leistungssport' angesehen, läßt man ihn drei Kilometer hinter dem Auto herlaufen. Der Hund, also auch der Teckel – manche vergessen dies bei seiner Kleinheit – ist ein Lauftier! Spätestens bei der ersten Drückjagd erinnern wir uns daran. Dann soll er den ganzen Tag möglichst lauthals über Berg und Tal ‚läuten' und, vielleicht noch bei Schnee, mit seinen kurzen Läufen 20, 30, ja bis an die 50 Kilometer laufen. Ohne Training und Kondition! 20 bis 30 Kilometer sind für einen gesunden Teckel keine sonderliche Leistung, sofern er daran gewöhnt, also darauf konditioniert ist. Jeder Mensch, der seinen Teckel untrainiert zur Drückjagd nimmt, sollte einmal einen 10-Kilometer-Dauerlauf durch Feld und Wald machen. Ohne Übung, versteht sich, dann wird er fühlen, wie seinem Teckel nach einer lauten Jagd zumute ist.

Doch nicht nur die laute Jagd, sondern auch die eher ruhige Nachsuchenpraxis (ohne Hetze) verlangt einen durchtrainierten Hund. Das Suchen, Konzentrieren, Bögeln, Aufnehmen der Fährte, das Ziehen des Schweißriemens durch Strauch, Strupp und Dickung, das Im-Riemen-Hängen belastet und schlaucht unseren Rauhbautz mehr, als wir manchmal ahnen. Ich führte einmal eine Riemenarbeit in einem Maisfeld auf eine Sau bei normalen Temperaturen und nur etwa auf 500 Meter durch. Doch meine sonst leistungs- und konditionsstarke Hündin streckte nach etwa dieser Entfernung alle Viere von sich, weil sich unentwegt der Schweißriemen um die Maisstengel wand. Völlig fertig war die Hündin!

Doch wie verschafft man seinem Teckel ein Höchstmaß an artgerechter Bewegung, wenn man seine Brötchen nicht auf der Jagd oder beim Müßiggang verdienen kann?

Gehorsame Hunde, die man immer und überall mitnehmen und auch mal bedenkenlos ablegen kann, haben naturgemäß mehr Bewegung, als unerzogene, lästige Kläffer, die man lieber zu Hause oder im Auto läßt. Meine Teckel nehme ich schon mal zum Joggen, Skilanglauf oder beim Radfahren mit. Immer frei, versteht sich, sofern auf nichtöffentlichen Wald- und Feldwegen. Ein Vorteil der ländlichen Gegend – und entsprechender Erziehung. Wenn es einmal wirklich schlecht paßt, muß ein Lauf hinterm Auto genügen, doch ist dies die Ausnahme. Immer achte ich dann darauf, daß ich die Hunde gut im Rückspiegel sehen kann. Normalerweise bekommen sie aber ausreichend Bewegung durch die fast täglichen Reviergänge, die sie überwiegend frei bei Fuß absolvieren.

Wenn man Hunde liebt, sollte die Gesunderhaltung, die Vorsorge, Priorität vor Krankheitsbehandlung haben. Artgerechte Nahrung und Bewegung erscheinen mir sehr wichtig! Und dennoch kann der kleine Kerl mal krank sein. Eine Krankheit ist so teckelspezifisch, daß sich dies sogar im Namen niederschlägt:

Die Teckellähme

Einfach ausgedrückt ist die Teckellähme eine Verkalkung der Wirbelsäule, eine Erkrankung der Band- bzw. Zwischenwirbelscheiben, also eine Verschleißerscheinung. Aufgrund der besonderen Form des Teckels, kurzläufig, langer Rücken, und seiner genetischen ‚Geschichte', Wachstumsstörung an den Extremitätenknochen (Chondrodystrophie), kommt es bei kleinwüchsigen Rassen, so auch beim Teckel, gehäuft zu dieser bedrückenden Krankheit, die sich in schmerzhaften, einerseits spastischen (krampfartigen) und andererseits in einer schlaffen Lähmungserscheinung äußert (krampfartig = ‚hundesitzige Stellung'; schlaff = ‚fischrobbenartige Stellung'). Für viele Dackelführer stellt sich die Teckellähme als die Horrorvision aller Hundekrankheiten schlechthin dar, und in der Tat kenne ich Jäger, die sich nur aufgrund dieser spezifischen Dackelkrankheit keinen Teckel anschaffen. Sie vergessen dabei, daß andere Rassen ebenfalls an artspezifischen Krankheiten – Augenleiden und Hüftgelenksdysplasie (HD) – leiden. Außerdem muß nicht jeder Teckel erkranken.

Obwohl ich es lange Jahre nicht wahrhaben wollte, steht heute wissenschaftlich fest, daß beim Teckel eine erbliche Disposition zu degenerativer Verkalkung der Zwischenwirbelscheiben besteht. Dies bedeutet, daß alle Teckel von dieser Krankheit heimgesucht werden können, entweder von der schleichenden, langsamen Verkalkung oder durch plötzlich auftretenden Bandscheibenvorfall, anläßlich einer Verrenkung, eines Sprunges oder eines Unfalls. Frau Dr. Havranek-Balzaretti hat festgestellt (Literatur, Dt. Teckelklub, Jubiläumsband, Seite 253), daß bei Paarungen von Eltern, die beide radiologisch sichtbare Verkalkungen hatten, 83,3 % positiv, bei Paarungen mit Eltern *ohne* sichtbare Verkalkung immerhin noch 30,4 % Nachkommen später an Verkalkung der Zwischenwirbelscheiben litten. Für die Zuchtpraxis

– und die Zukunft des Teckels – muß das heißen, daß möglichst alle Zuchttiere im Alter von 1 bis 2 Jahren röntgenologisch untersucht und bei positivem Befund von der Zucht ausgeschlossen werden müssen.

Aufgrund dieser Untersuchungserkenntnisse wird im nachhinein klar, was viele Zuchtwarte und ‚Teckelpäpste' teils laut, teils hinter vorgehaltener Hand äußerten, daß nämlich bei bestimmten Linien verstärkt mit Teckellähme zu rechnen ist. Und sie setzten gleich noch eines drauf und wollten dem jagdlich ambitionierten Dackelbesitzer weismachen, daß insbesondere bei starken, schweren Schlägen mit Teckellähme zu rechnen sei. Kleinere, kompakte Dackel würden seltener an Teckellähme leiden. Ich kann mich dieser Theorie nur bedingt anschließen, denn meine ältesten Hunde waren allesamt schwere Schläge von 8,5 bis 10 Kilogramm und hatten entgegen allen Unkenrufen und Prophezeihungen nicht mit degenerativer Verkalkung zu kämpfen.

Man kann allerdings auch prophylaktisch etwas unternehmen. Neben entsprechender Ernährung und artgerechter Bewegung, die den Teckel immer schlank und durchtrainiert halten sollen, empfehle ich einige zusätzliche Verhaltensregeln.

Allen meinen Teckeln habe ich von Anfang an das Treppensteigen und – noch viel wichtiger – das Treppenhinabspringen untersagt, verleidet, also aberzogen. Ebenso das Aus-dem-Auto-Springen! Wann immer die Heckklappe aufgeht, egal ob im Revier, auf dem Parkplatz oder zu Hause vor der Garage, müssen sie Sitz machen und sich hinausheben lassen. Manch Jäger mag jetzt mitleidig lächeln – und ich habe schon manch amüsiertes Grinsen über mich ergehen lassen müssen –, aber diese Methode hat noch weitere Vorteile, denn nie sprangen meine Hunde aus dem Auto, hinter einer Katze her und – vor ein anderes Auto. Die meisten Teckel sterben nicht im Fuchs- oder Dachsbau, sondern auf der Straße! Spätestens bei der nächsten Treibjagd, wenn sich unmittelbar nach der Ankunft der Jagdautos die Heckklappen öffnen und sich Waldis, Purzels, Wastis und Hektors hinaus- und kläffend übereinanderstürzen, werden sich die mitleidigen Blicke ob der wohl erzogenen, sitzenbleibenden Teckel in hochachtungsvolle, bewundernde verwandeln. Dies war das einzige, worauf ich acht gab, ansonsten habe ich meine Teckel nie besonders geschont, ihnen viel zugemutet, sie immer gefordert, ob bei tiefem Schnee, trockener Kälte, dichtem Verhau, eisigem Wasser, im engen Fuchsbau oder Marderstadel, am langen Riemen oder an der kurzen Leine, immer habe ich mich jedoch bemüht, sie nicht zu überfordern.

Wenn man das Hinunterspringen verbietet, der Teckel schlank bleibt, man nur mit röntgenologisch erkennbar ‚verkalkungsfreien' Hunden züchtet, dann verliert die Teckellähme ihre Schrecken. Zumal man heute recht erfolgreich operieren kann und genesene Teckel anschließend wieder fast voll einsetzbar sind.

Ein anderes Leiden macht in Teckelkreisen in letzter Zeit von sich reden: eine *Augenkrankheit*, die sich PRA (Progressive Retina Atrophe = fortschrei-

Auch bei offener Heckklappe bleiben Teckel sitzen, sofern sie eine entsprechende Frühsterziehung genossen haben. Es schont die Nerven des Führers und die Rückenwirbel des Teckels

tende Netzhautentzündung) nennt und zur Erblindung des Hundes führt. Angeblich kommt sie nur im Rauhhaarlager vor, und 2 % aller Teckel sollen betroffen sein. Da diese Krankheit erblich ist, nehmen beide Vereine – DTK und VJT – sie sehr ernst, beteiligen sich an Untersuchungen und wollen erreichen, daß alle Hunde auf PRA-Verdacht von der Zucht ausgeschlossen werden. Es ist noch zu früh, um eine abschließende Beurteilung über diese relativ junge Krankheit zu wagen.

Impfungen

Der kontinuierliche *Tollwutimpfschutz* sollte eine Selbstverständlichkeit für jeden Jagdhund, ganz besonders aber für Bauhunde sein. Was ich hier teils aus Nachlässigkeit, teils aus falsch verstandener Sparsamkeit auf der Jagd und auf Prüfungen schon erlebt habe, spottet jeder Beschreibung und ist ein Armutszeugnis für die Jägerschaft. Da jagt ein Terrier (auch ein Bauhund) auf einer ‚Diplomatenjagd' den ganzen Tag, würgt und apportiert einen Fuchs, hat Kontakt zu diversen Treibern, Jägern und Jagdgästen und – ist schon seit fünf Jahren nicht mehr gegen Tollwut geimpft! Da wird ein Jagdaufseher gerufen, um im Dorf einen tollwütigen Fuchs zu erlegen; er kommt mit Teckel, schießt schlecht und sucht gut nach, der Teckel zerrt den toten Fuchs aus einem Stall ans Tageslicht. Der Fuchs: Tollwut positiv! Der Teckel: Impfschutz negativ, seit drei Jahren! Unverantwortlich!

Die Tollwutschutzimpfung ist für Teckel problemlos und gut verträglich. Sie bietet für ungefähr 12 Monate Schutz – also jedes Jahr den Impfschutz erneuern. Und Jäger, Bodenjäger insbesondere, sollten zu ihrem Hausarzt gehen und sich ebenfalls prophylaktisch gegen Tollwut impfen lassen. Ich mache dies schon seit mehr als zehn Jahren und hatte, gerade zur Hoch-Zeit der Tollwut, bei Kontakt mit Füchsen, Dachsen, Mardern, aber auch ‚verdächtigen' Rehen immer ein sicheres Gefühl. Die Spritzen sind nicht schmerzhaft und fast immer sehr gut verträglich.

Ungeziefer

Da unser kleiner Jagdhund, im Gegensatz zu großen Hunden, mit der Nase näher an der Erde ist, er also viel intensiver Kontakt zu Boden, Gebüsch und Geäst hat und obendrein seine Nase in fast jedes Loch steckt und des öfteren selbst ganz hineinkriecht, bleibt es nicht aus, daß er häufig allerlei *Ungeziefer* aufsammelt. Besonders die Fuchsbaue sind wahre Ungeziefernester. Aber auch an manchen Frühsommer- oder warmen Herbsttagen, wenn es durch dick und dünn ging, bleibt es gar nicht aus, daß sich das eine oder andere krabbelnde Tierchen gerade unseren Teckel als Tummelplatz ausgesucht hat. Meine alte, unvergessene Issi brachte einmal mehr als 100 (Einhundert!) Zecken aus einem Dachsbau mit. Von allen diesen kleinen Tierchen – Milben, Flöhen – scheinen mir die Zecken die widerstandsfähigsten zu sein. Die sogenannten Zeckenhalsbänder lassen schon nach ein paar Wochen in ihrer Wirkung gegen eben diese Plagegeister nach, und obendrein ist es wenig ratsam, den Teckel mit Halsband frei jagen zu lassen. Gute Insektenvertilgungsmittel in Pulverform halte ich für das Geeignete. Mit diesen Mitteln lassen sich auch leicht und gezielt die Lagerplätze des Teckels, Korb, Hütte, Liegedecke usw., ungezieferfrei halten.

Kleine Verletzungen

Natürlich bleibt es in einem langen, harten und aufregenden Jagdteckelleben nicht aus, daß sich unser kleiner Draufgänger einmal verletzt, sei es durch Unfall, Biß, Riß an Draht, Stachel oder Dornen, oder daß er sonst einmal unpäßlich ist. Kleinere Verletzungen behandele ich selbst aus der Rucksack-Apotheke, wobei mir das gute Ballistol sowohl äußerlich als auch innerlich stets gute Dienste geleistet hat. Bei allen anderen Krankheiten oder Verwundungen scheue ich mich nicht, den Tierarzt aufzusuchen – Tieren zu helfen ist schließlich sein Beruf.

Der alternde und alte Hund

Bei einigen Teckeln setzt der *Alterungsprozeß* ganz allmählich ein, ohne daß wir dies zunächst wahrnehmen; bei anderen wiederum, scheinbar ganz plötzlich, innerhalb eines Jahres, so meint man, werden sie grau, weiß, träge, unpäßlich und siech. Merkwürdigerweise, so hat es den Anschein, gehören die wirklich guten Teckel zu ersteren, die weniger brauchbaren zu letzteren – vielleicht täusche ich mich aber auch.

Bei einem sonst gesunden Dackel merken wir das Altern zuerst am Gehör. Irgendwann auf der Jagd wollen wir unseren Hund heranpfeifen, doch er läuft in eine ganz andere Richtung. Wir schieben dies zunächst auf ein Echo, doch wenig später passiert es abermals. Spätestens jetzt muß uns klar werden, daß unser kleiner Waidgesell den Zenit überschritten hat, zumal wir anhand von Beobachtungen feststellen, daß das Auge auch nicht mehr so richtig sieht. Er läuft schon mal den ‚falschen Herrn' an; mustert einen alten Baumstuppen sehr angespannt, erregt, und nur die Nase scheint noch die alte zu sein. Als verantwortungsvoller Teckelführer sollte man seinem Hund in diesem Stadium des Alterns nur noch solche jagdlichen Aufgaben zumuten und antragen, von denen man annimmt, daß er in der Lage ist, sie problemlos zu meistern, also Jagd- und Pürschbegleiter (in zunehmendem Alter nur noch an der Leine), Schweißarbeiten ohne Hetze. Treib-, Drück- und Baujagd sind nichts mehr für einen alten Dackel, so schwer diese Erkenntnis auch fällt.

Klappt auch die Nachsuchenarbeit nicht mehr so recht, weil es für den Hund zu anstrengend oder gar zu gefährlich wird, sollten wir ihm ein würdiges Altenteil bereiten, ihn auf Reviergängen mitnehmen und ihn teilhaben lassen an gemütlichen Ansitzen. Ganz von selbst zieht er sich immer mehr zurück, liebt ein Nickerchen auf dem Teppich in der Sonne mehr als eine Fahrt durchs Revier, wie er überhaupt immer schläfriger zu werden scheint. Sollte er eines Tages für immer in seinem Korb eingeschlafen sein, begraben wir ihn im Revier, dankbar und zufrieden über ein hoffentlich erfülltes und ereignisreiches Jagdteckelleben.

Es kann aber auch passieren, daß Siechtum und Krankheiten das Leben nicht nur des Teckels, sondern auch das tägliche Miteinander zur Qual werden lassen. Dann wird man sich entscheiden müssen, ob der letzte Gang zum Tierarzt oder ins Revier geht. Hier möchte ich keine Ratschläge erteilen, dies muß jeder mit sich selbst austragen – traurig ist es in jedem Fall.

Ein oder mehrere Hunde?

Wenn man aufmerksam und mit offenen Augen durch deutsche Reviere pürscht, klaren Blickes die Jagdzeitschriften liest und nicht nur durchblättert, drängt sich die Erkenntnis auf, daß es eher zu viele als zu wenig Jagdhunde gibt. Wozu also obige Frage?

Ganz abwegig erscheint sie mir nicht, denn es gibt mehrere Möglichkeiten, auf den zweiten Hund zu kommen. Nicht wenige Jäger, die einen großen Hund führen, möchten teils aus Sympathie, teils aus Gründen der Arbeitsteilung neben einem großen noch einen kleinen führen. Manchmal drängen auch die Frauen, daß sie schließlich auch ein Anrecht auf einen Hund hätten, und so ein kleiner ...

Oder aber, als verantwortungsvoller Jagdausübungsberechtigter und Hundeführer macht man sich Gedanken über die Nachfolge des jetzigen Hundes und möchte einen Nachfolger einarbeiten, so lange der alte noch fit und einsetzbar ist. Dies alles sind nachvollziehbare Gedankengänge.

Grundsätzlich stehe ich der Anschaffung, Haltung und Führung mehrerer Hunde positiv gegenüber, sofern bestimmte Voraussetzungen gegeben und erfüllt sind.

Nachfolger

Ob und wann ein Nachfolger angeschafft werden soll, hängt einzig und allein vom Vorgänger ab; vorausgesetzt, das sonstige familiäre, jagdliche und berufliche Umfeld läßt die Führung eines zweiten Hundes zu. Sofern der Vorgänger brauchbar, mit gutem Gehorsam und noch in der Blüte seiner Jahre, also nicht schon jagdhundlich-senil, schwerkrank oder sonst unbrauchbar ist, sehe ich die Anschaffung eines Nachfolgers geradezu als ideal an. Denn, sofern der Teckelführer keine gravierenden Fehler macht: Der junge lernt vom alten Hund. Ist der alte Hund ungehorsam oder sonst nur bedingt brauchbar – wenig Härte, Passion usw. –, sollte man die Finger von diesem Experiment lassen, denn auch die Fehler und ‚Macken' übertragen sich innerhalb kürzester Zeit auf den Jüngling. Als meine erste Hündin Issi auf dem Höhepunkt ihrer Leistung war, habe ich mit ihr einen Wurf gezogen und eine Hündin behalten. Nie hätte ich für möglich gehalten, was so ein kleiner Pfiffikus innerhalb kürzester Zeit von der erfahrenen und gehorsamen Mutter alles lernt. Mit sechseinhalb Monaten absolvierte dieser Teckel die Vielseitigkeitsprüfung, machte auf Handzeichen Down, folgte im Revier frei bei Fuß und ließ sich überall – Revier, Stadt, Büro – bedenkenlos ablegen. Dieser Hund hat mir hinsichtlich Frühsterziehung die Augen geöffnet.

Hat man also einen Hund, mit dem man nicht zufrieden ist, und man liebäugelt mit einem Nachfolger, der dann alles anders und alles besser machen soll, rate ich ab. Meistens geht dies schief, und der nächste Hund ist noch schlechter als der erste. Erwirbt man aus gleichem Grunde schon einen fertigen, voll ausgebildeten und vertragen sich die beiden nicht, wird der erste dann lobend unter der Rubrik ‚Hundemarkt' angeboten.

Auf eines möchte ich noch hinweisen: Falls der erste, ältere Hund sehr dominant ist und der jüngere von der Anlage her das Gegenteil, eventuell noch gepaart mit leichten, kaum erkennbaren Wesensmängeln, wie mangelnde Passion, kann es passieren, daß der jüngere zeitlebens ein Hund mit juvenilen Eigenschaften bleibt, also nie erwachsen wird. Spielen, herumtollen, läppisch sein ist sein Lebensinhalt; zu ernsthafter, gehaltvoller Jagdausübung langt es meist nicht. In einem Wildhundrudel würde so ein Hund abwandern müssen oder ewig ein Unterdrückter sein mit der Option, schließlich getötet zu werden, weil er nicht überlebensfähig wäre. Mit Sicherheit gibt es zwischen Biotonus, Wesensmangel, Rangordnung und Überlebensfähigkeit Verbindungen und Zusammenhänge, die wir, als ‚normale' Einzelhundeführer, noch gar nicht richtig einzuschätzen imstande sind. In der Partnerschaft Hund-Jäger offenbaren sich Wesensmängel nicht so klar wie im Kleinrudel Hund-Jäger-Hund.

Arbeitsteilung/Spezialisierung

Zwei Teckel führen mit dem Ziel, sie unterschiedlich einzusetzen, also beispielsweise den einen ausschließlich auf Schweiß, den anderen zum Stöbern und zur Bauarbeit zu verwenden, erscheint reiz- und ist sinnvoll. Allerdings sollte man auf gar keinen Fall beide Hunde zusammen als Welpen erwerben und zu erziehen versuchen, dies ist garantiert zum Scheitern verurteilt. Erst den einen entsprechend ausbilden; prädestiniert er sich für die Schweißarbeit und hat eine solide Grundausbildung hinsichtlich Gehorsam, dann erst sollte der zweite Hund auch als Welpe Einzug halten, um vom älteren zu lernen. Diese Arbeitsteilung und/oder Spezialisierung, wenn sie erfolgreich praktiziert werden soll, verlangt vom Führer viel Konsequenz und Disziplin, denn ein Austausch beider Spezialisten, falls der eine gerade krank oder der andere gerade heiß ist, ist schlecht möglich. Passiert dieser Austausch öfter, geht die Spezialisierung verloren, die Vorteile derselben neutralisieren sich, und der Jäger steht letztendlich mit zwei höchstens durchschnittlichen Hunden da.

Auch das Jagen im Gespann, Tandem oder Koppel, also ein großer Hund gemeinsam mit einem Teckel, ist ja letztlich eine Art der Spezialisierung. Der große Hund sucht und steht vor, der kleine stöbert, springt ein und sticht;

oder der Teckel stöbert und buschiert, und der Labrador apportiert; der Teckel sucht nach, und zur Hatz wird ein Terrier geschnallt; der Schweißhund sucht nach, und zum Stöbern oder zur Baujagd wird der Teckel eingesetzt. All dies kann man machen, all dies ist, so die Jagdgegebenheiten entsprechend sind, beglückendes Jagen, sofern wirklich beide Hunde zusammen jagen, sich ergänzen und sich gut verstehen. Passen sie nicht zusammen, so kommt es zu Beißereien und Eifersüchteleien, es herrscht dann eine ständige Spannung, die der Führer immer versuchen muß abzubauen oder zu mildern. So wird die Jagerei mit zwei Hunden zur Qual, Last und Belastung: Schließlich bleiben beide aus – verständlicher – Bequemlichkeit zu Hause im Zwinger. Wem ist damit gedient?

Einen zweiten Hund anzuschaffen mit der Begründung, der erste fühle sich so einsam, ist nur eine unzulässige Entschuldigung für mangelnde jagdliche Verwendung und Einsatzmöglichkeit. Hier sollte besser der einzige Teckel ab- und nie wieder einer angeschafft werden!

Was es sonst noch zu sagen gibt ...

Bauhundsender

Dieses Peilgerät soll die Sicherheit der Bauhunde erhöhen, ist relativ klein, einfach zu handhaben, hat eine Reichweite über der Erde von rund 30, senkrecht nach unten in die Bauanlage von 10 Metern. Der Preis beträgt knapp 300,– DM. Die Peilgenauigkeit soll 30×30 cm betragen, und man kann sich leicht vorstellen, daß dieses Gerät im Falle eines Einschlages eine große Hilfe darstellt. Auch bei der Suche nach verschütteten, verklüfteten oder sonstwie unter der Erde verschollenen Bauhunden kommt man mit diesem Gerät weiter. Ob es für die Bauarbeit, die Bodenjagd, der Weisheit letzter Schluß ist, muß die Praxis zeigen. Einerseits bemühe ich mich, allen Neuerungen aufgeschlossen gegenüber zu stehen; andererseits halte ich zu viel Technik im Revier und in der Natur für jagdschädlich. Gerade die Auseinandersetzung mit der Natur macht den besonderen Reiz der Jagd aus. Vielleicht sollten wir Füchse gleich mit der Tollwutkapsel einen Minisender schlucken lassen, der uns dann anzeigt, ob der Bau befahren ist und wo der Fuchs steckt, um anschließend unseren ferngelenkten Bauhundroboter, stinkend, kläffend und scheppernd, schliefen zu lassen.

Eine Gefahr besteht auch darin, daß allzu technikgläubige Bauhundführer ihren vierbeinigen Helfer im Vertrauen auf den Peilsender in jeden Bau schliefen lassen, ohne zu bedenken, daß, wenn der Hund wirklich nicht mehr weiter kann, weil Felsen ihm den Weg versperren, eben *nicht* in allen Bauen gegraben oder gebaggert werden kann.

Aufgrund meiner Erfahrungen kann ich Bodenjägern nur raten, alles zu tun, um es erst gar nicht zum Einschlag, zum Graben und damit zur Zerstörung des Baues kommen zu lassen. Eine Lösung des Problems ist die Anlage von einfachen Kunstbauen in genügender Anzahl und an geeigneten Stellen im Revier. Dies ist die waidgerechte, billige und einfache Alternative zum Einschlag und zur eventuell ‚nicht tierschutzkonformen' Fallenjagd auf den Fuchs!

Teckelgerechte Hochsitze

Seit ich Jagdteckel führe, lautet meine Devise: Auf der Jagd muß der Hund möglichst immer dabeisein. Dies ist ja gerade der Vorteil eines kleinen Hundes, daß ich ihn mit auf den Hochsitz nehmen kann. Einen großen Hund, und in diesem Sinne heißt dies größer als Terrier, muß ich unter dem Hochsitz ablegen. Damit ist der Vorteil, ‚außer Wind' zu sein, dahin. Dies überlegt sich auch der einen größeren Hund führende Jäger und läßt seine absolut gehorsamen Vierläufigen dann meistens im Auto.

Auf der Kanzel hat ein Teckel fast immer Platz. Aber wie sieht es auf offenen Sitzen und Leitern aus? Meist reicht es gerade für ein wohlproportioniertes Jägerhinterteil. Den Rucksack muß man schon an einen Ast hängen. Meine Hochsitze habe ich so gebaut, oder umgebaut, daß eine etwa gleich große Sitzfläche nach vorn für den oder die Teckel entstand. Eine kleine ‚Brüstung' um das Brett, die Plattform, und schon ist es der schönste und praktischste Teckel-Ausguck.

Neben dem Vorteil, den Hund ständig dabeizuhaben, nötigenfalls vorsichtig auf ihn einwirken zu können, ist ein anderer, daß der Hund durch sein Verhalten viel eher Wild anzeigt, als ich es sehe oder höre, und – dies wird meines Erachtens viel zuwenig gewürdigt –, die Hunde, längst an den Anblick von Wild gewöhnt, sind absolut wild- und schußruhig. Unzählige Male habe ich so, über den Teckeln (meist habe ich zwei mit auf dem Hochsitz) sitzend, anstreichend oder auflegend Has', Fuchs, Reh oder Sau geschossen – und meine vierläufigen Jagdhelfer schauten angespannt, mit zitternden Bärten, doch sonst ruhig, zu. Dies ist Ansitzjagd mit dem Teckel, wie ich sie liebe. Zur Nachahmung empfohlen.

Jäger, die ihre Teckel auf dem Hochsitz bei sich haben wollen, sollten sie schon früh (Frühsterziehung!) daran gewöhnen, sie aus Sicherheitsgründen im Rucksack mit nach oben und anschließend wieder nach unten zu tragen. Man hat so beide Hände an der Leiter, klettert sicherer, und dem Dackel scheint es sogar Spaß zu machen.

Früher hatte ich während des Auf- und Abbaumens den Teckel immer im Arm, bis ich eines winternachts ausrutschte, der Hund rückwärts hinunterfiel, mit einem dumpfen Laut aufschlug und liegenblieb. Mir blieb das Herz fast stehen. Glücklicherweise lag hoher Schnee. Ich konnte mich gerade noch halten, und außer Schreck und neuer Erfahrung ist uns beiden nichts passiert.

Schweißriemen

Der Dachshund wird ja gerne als kleiner Schweißhund oder gleich als Schweißteckel bezeichnet und geführt. Als kleinem Hund, mit einem ungefähren Halsumfang von 35 Zentimetern, gebührt ihm auch ein kleiner, ein spezieller Schweißriemen mit entsprechender Halsung. Nur eine ihm passende Schweißhalsung und einen Riemen von mindestens 9 Metern Länge bei einer geringeren Stärke als bei den großen Schweißhunden lasse ich als waid- und brauchtumsgerecht gelten. Allenfalls noch den Rundriemen, nicht aber Nylonleinen, Feldleinen, gar Bindfäden oder Umhängeleinen. So einen Schweißriemen samt Halsung (speziell für Teckel) kann man anfertigen lassen bzw. in Fachgeschäften oder im Jagdversand kaufen. Er ist nicht allzu teuer und hält, bei entsprechender Pflege, mehrere Teckelgenerationen.

Umhängeleine und Halsung

Gerade angefangen mit der Teckelei, stellte ich mit Bedauern und Befremden fest, daß es im Handel keine wirklich brauchbare Universal-Umhängeleine für den kleinsten Gebrauchshund gab und gibt. Alles mögliche wurde erfunden und entwickelt, begrenzte und unbegrenzte Würger, Kettenhalsbänder, Stachelhalsungen, Umhängeleinen mit automatischer Öffnung des Karabinerhakens und variabler Anpassung an Körper- und Hundegröße, klappernde, klirrende, scheppernde und rasselnde Verschluß-, Einhak- und Löseautomatiken und manches mehr. Aber eine grundsolide, anpassungsfähige, geräuschlose Umhängeleine mußte ich mir beim Sattler anfertigen lassen: Geflochtene Halsung, passend für alle Teckelgrößen. Daran, fest mit einem Doppelwirbel (einer von der Falknerei zweckentfremdeten Drahle) verbunden, der untere Teil der Leine; nach oben anschließend, ebenfalls mit einer Drahle verbunden, der Umhängeteil der Leine. Absolut geräuschlos und äußerst zweckmäßig, denn entweder läuft der Teckel frei oder angeleint, nie aber geschnallt mit Halsung! Und es entsteht auf der Jagd wohl äußerst selten die Notwendigkeit, den Hund sofort und blitzartig zu schnallen, wie es mit dem üblichen Karabinerhaken möglich sein soll. Die Zeit, ihm die Halsung vollständig abzunehmen, ist immer. Im Gegenteil: Hunde, die oft sofort nach dem Schuß geschnallt werden, sind in der Regel äußerst schußhitzig.

Einen Teckel mit Halsung frei laufen, ihn gar jagen zu lassen, halte ich im höchsten Maße für verantwortungslos. Zu leicht bleibt er an einem Ast oder

Signalband für die Jagd; Halsung und Umhängeleine (Marke Eigenbau) für Stadt, Straße und ‚bei Fuß'

einer Wurzel hängen. Sich vorzustellen, er schlieft gar mit Halsung – Kettenhalsung! – in einen Fuchsbau, ist mehr, als man als Teckelfreund ertragen kann. Auch das Umlegen eines mit Telefonnummer gekennzeichneten Einweckringes (Gummiband) kann ich nicht gutheißen. Vielleicht ist ein Teckel in der Lage, den Gummiring beidseitig auseinander zu ziehen, nicht aber dann, wie es draußen passiert, wenn der Teckel durch Winden und Zerren den Ring verdreht hat. So ein in sich verdrehter Gummiring hält gewaltigen Kräften stand und würgt obendrein dem Hund die Luft ab, so daß er jämmerlich erstickt.

Ganz anders verhält es sich mit den Signalbändern, denn die haben neben dem auch gut und fest haltenden Klettverschluß eine Sollbruchstelle, so daß das Band im Falle des Hängenbleibens aufreißt. Und noch einen großen Vorteil haben diese Bänder: Sie sind beidseitig verwendbar; auf der einen Seite signalrot – oder gelb – und auf der anderen reflektierend, so daß sie bei Anstrahlung, beispielsweise durch einen Autoscheinwerfer, hell aufleuchten. Beim Versorgen von verunfalltem Wild des Nachts auf oder an der Straße binde ich mir die Bänder um Arme und Beine, um von rasenden Autofahrern möglichst frühzeitig gesehen zu werden. Immer, außer bei der Bauarbeit, insbesondere aber auf Treib- und Drückjagden, wenn meine Teckel frei jagen, tragen sie diese Bänder.

Alle anderen Halsbänder, außer Schweißhalsung und die Halsung der Umhängeleine, also Würge-, Stachel-, Korallen- und Kettenhalsung nebst Teletaktgerät, sind für Teckel, die nach der Frühsterziehungsmethode ausgebildet wurden, ungeeignet, teilweise gefährlich, unbrauchbar und verpönt!

Über den Umgang mit Nichtjägern

Die dem Jagdgebrauchshundeverband (JGHV) angeschlossenen Zuchtvereine haben dessen Empfehlung angenommen, daß nur Jagdscheininhaber auf Gebrauchsprüfungen führen dürfen. Mit dieser Maßnahme wollte man u. a. dem Hundesport auf jagdlichen Prüfungen einen Riegel vorschieben. Der Deutsche Teckelklub (DTK) hat sich, im Gegensatz zu dem Verein Jagd-Teckel (VJT), dieser Empfehlung versagt. Die Argumente des JGHV kann man nachvollziehen und zu Zeiten, da der Jagd und dem Jagdgebrauchshundewesen der Wind von allen Seiten ins Gesicht bläst, verstehen. Und dennoch ...

Warum hat denn die Jagd – und mit ihr das jagdliche Hundewesen – ein so schlechtes Image, warum ist denn gerade in Deutschland – im Gegensatz zu Österreich oder Großbritannien – die Kluft zwischen Jägern und Nichtjägern anscheinend so groß?

Als Ergebnis meiner Aktivität in der jagdlichen Öffentlichkeitsarbeit möchte ich einmal einen Umweltslogan abwandeln: Die Bevölkerung (Gesellschaft) braucht uns Jäger nicht – aber wir brauchen die Bevölkerung!

Indem der JGHV Gebrauchsprüfungen nur für Jäger fordert, entsteht eine Einigelung, Abkapselung, das heißt in der Praxis, daß er seine Ziele (Erhaltung der jagdlichen Prüfungen) über die Aufgabe der Integration stellt.

Wenn unsere Haut schon so dünn geworden ist, daß wir es uns nicht mehr leisten können, daß ein junger Mann seinen Teckel auf einer Schweiß- oder eine junge Frau ihren Dackel auf einer Spurlautprüfung führt, dann, ja dann, so fürchte ich, wird uns der nächste Herbststurm davonblasen.

Die jungen Leute, die sich einen Teckel zulegen, mit ihm in der örtlichen Teckelgruppe einen Führerlehrgang besuchen und als Abschluß freudig erregt eine Schweiß-, Stöber- oder Spurlautprüfung absolvieren, diese Leute, so meine Erfahrung und Einschätzung, werden selten Jagdgegner, schon gar keine militanten! Prüfung nein; aber als Treiber sind sie willkommen, und Verständnis für die Jagd sollen sie auch aufbringen. Natürlich ist nicht einzusehen, weshalb ein Nichtjäger ausgerechnet eine Baueignungsbewertung absolvieren will, wo er doch nie Gelegenheit haben wird, am Bau zu jagen, ja, es besteht sogar eine gewisse Gefahr, daß sein Teckel, wenn er erst einmal auf den Geschmack gekommen ist, jeden Bau annimmt und sich in Gefahr und seinem Herrn Verdruß bringt.

Wir Jäger – und Teckelführer – müssen, wenn wir die Jagdausübung mit brauchbaren Jagdhunden retten wollen, jede sich uns bietende Gelegenheit nutzen, um mit der nichtjagenden Bevölkerung ins Gespräch zu kommen, um damit für unser Tun und Handeln Verständnis zu wecken. Mein Kompromißvorschlag: Bauprüfung nur für ambitionierte Bodenjäger; alle anderen Prüfungen, insbesondere aber die Spurlaut- als Anlagenprüfung frei für Nichtjäger.

Das Apportieren

Bewußt habe ich dem Teckel als Apportierhund kein größeres Kapitel gewidmet, weil er ja auch keiner ist. Obwohl ihn manche als solchen sehen möchten. Jedem Teckel das Apportieren nach alter Schule, also mit Zwang, beizubringen, halte ich schlicht für unmöglich, zumal ich kläglich daran gescheitert bin.

Zwei meiner Teckel apportierten ‚aus Naturveranlagung‘, und ich habe dies nach besten Kräften, wo immer ich konnte, mit Lob und intensiver Aufforderung unterstützt. Sie haben auch ganz ordentlich gebracht, manchen Jäger überrascht, teilweise herrliche Bilder abgegeben – Issi mit Rebhühnern auf einer Treibjagd und Anschi bei der Entenjagd, sogar an nordischen Prielen – doch wirkliche Apportierhunde waren sie nicht. Sie haben gebracht, wenn ich das Wild auch hätte selbst aufsammeln können. Sie haben mich aber häufig im Stich gelassen, wenn ich ihre Apportierleistung dringend und zwingend gebraucht hätte: Tauben im Getreide, Enten am gegenüberliegenden Flußufer oder Karnickel im dichten, uneinsichtigen Gedorn.

Obwohl kein typischer Apportierhund, gibt es auch unter den – zumeist kräftigen – Teckeln ausgesprochene Spezialisten, wie diesen Bisamjäger

Manche Teckel mögen noch so eifrig und ‚klassisch' bringen, ein ganz entscheidendes Kriterium, außer ihrer mangelnden Körpergröße, fehlt ihnen aber, um als Apportierer zu gelten: das vorsichtige, sanfte Zufassen. Meiner Ansicht nach – und davon lasse ich mich auch nicht abbringen – wird der Dachshund aufgrund seiner Veranlagung zum Bau- und Stöberhund immer fest zupacken, knautschen und knatschen.

In unserer Teckelgruppe führt ein Jäger einen kräftigen Teckelrüden, den er häufig mit zur Bisamjagd nimmt. Dieser Hund ist ein ausgesprochener Bisamjäger und -apporteur. Wie er den Bisam aus tiefem Wasser und dichtem Schilf bringt, ist sagenhaft, und man kommt nicht umhin, ihm für diese Leistung höchste Anerkennung zu zollen. Aber gerade solche Ausnahmen sind es, in Verbindung mit dem Wassertest des DTK und der Wasserarbeit des VJT, die die Meinung zu festigen versuchen, daß der Teckel als Allroundhund auch zum Apportieren geeignet ist. Ich halte dies für eine falsche Politik, denn man unterstellt dem Teckel damit allgemein Leistungen und nährt Erwartungen, die nicht oder nur unzureichend erfüllt werden. Ähnlich verhält es sich mit dem Prüfungsfach Haarwildschleppe innerhalb der Gebrauchsprüfung des VJT, denn diese wird am langen Riemen ausgearbeitet, d.h., man will nicht, daß der Teckel apportiert, suggeriert aber damit, daß er ein brauchbarer Hund fürs Niederwildrevier ist. Wozu Haarwildschleppe, wo doch die Schweißarbeit ebenfalls als Teil der GP um ein Vielfaches schwieriger ist?

Zu einem guten Apportierer gehört neben dem vorsichtigen Tragen und Bringen von Friedwild auch das Frei-Verloren-Bringen und, wenn es zu schwer ist, das Verbellen desselben. Nichts gegen den Wassertest. Er ist auch eine Bestätigung von Wesensstärke. Nichts gegen gelegentliches Bringen, aber ein Apportierhund ist der Teckel nicht. Manchmal hilft Understatement dem Ansehen einer Rasse mehr als Lobhudelei.

Es gibt natürlich noch viel über das Jagen mit dem Teckel zu sagen. Ohne hier den Rahmen sprengen zu wollen, bieten sich zum Abschluß ein paar Worte über den Jagdteckel in der Jagdkunst an. Gerade unter zeitgenössischen Jagdmalern gibt es Teckelführer und Jäger, und so ist es nur zu verständlich und erklärlich, daß gerade sie hervorragende Werke vom kleinsten Jagdhund hervorgebracht haben. Neben den ausdrucksstarken Porträtzeichnungen von Marlies Esser und Barbara Conrad, den Bildern von Rien Poortvliet ist es gerade der Maler Willi Schütz, der den Teckel auf unzähligen Rohrfederzeichnungen, Aquarellen und Ölbildern im jagdlichen Einsatz verherrlicht und zahlreiche Denkmäler gesetzt hat. Nicht von ungefähr sind seine Teckelaquarelle auf den DTK-Prüfungsblättern zu finden.

Willi Schütz hat ein Leben lang mit Teckeln gejagt. Ein Leben lang hat er sie gemalt, und ich bin froh und dankbar, daß er zwei seiner Bilder für dieses Teckelbuch zur Verfügung gestellt hat.

Und da zur Jagdkunst, zumindest zum jagdlichen Brauchtum, der Klang des Hornes gehört, als Abschluß die Teckel-Fanfare:

Teckel-Fanfare

Urheberrechtlich geschützt für die Bläsergruppe der Kreisgruppe Oberhausen im DJV

Nachwort

Hat der Jagdteckel eine Zukunft? Es sprechen einige Anzeichen dafür, daß sich die deutsche Jagdkynologie im Umbruch befindet. Aufgrund veränderter jagdlicher Verhältnisse scheint es mir, als ob wir uns allmählich vom Vollgebrauchshund, der alles kann und können muß, abkehren und hinwenden zum Spezialisten. Ich habe den Eindruck, als würden wieder mehr Spezialisten geführt: Labrador als Apportierer, Bracken als Schweißhunde, Wachtel als Stöberhunde. Der französische Epagneul Breton hat Einzug gehalten als *der* Falknerhund; Jack-Russell, Rhodesian Ridgeback, Heideterrier (Kreuzung aus Airdale und Jagdterrier) sind mancherorts im Kommen.

Bei unseren europäischen Nachbarn, Großbritannien und Skandinavien, ist das Spezialistentum traditionell anders ausgeprägt als bei uns mit unserem Reviersystem. Der Rückgang der Niederwildbesätze allgemein wird verantwortlich dafür sein, daß die Vollgebrauchshunde weniger werden oder ihr Aufgabengebiet sich ändert. Wozu braucht man denn auch im Rehwildrevier – die Mehrzahl aller Reviere sind bei uns wohl reine Rehwildjagden – den Vorstehhund? So sehr ich sie mag, Drahthaar, Griffon, Langhaar oder Weimaraner, ihre Vorsteheigenschaften können sie in solch einer Jagd nur selten voll entfalten.

Und da der Teckel, der Jagdteckel, ein Teil dieses Umbruchgeschehens ist, muß man sich fragen, wo er denn heute steht und welches in Zukunft seine Aufgabe ist. Als ‚handlicher' Hund, als Spezialist unter der Erde, als kleiner Stöberhund (auch ein Spezialgebiet), als Schweißteckel für einfache Nachsuchen und als problemloser Pürsch- und Jagdbegleiter wird er auch in Zukunft seinen Platz haben. Ob er ihn gegen Jagdterrier, Jack-Russell-Terrier, Dachsbracke wird behaupten können, wird an uns als Jäger, Führer und Verbandsverantwortlichem liegen.

Wenn ich mich mit dem jetzigen Wissens- und Erkenntnisstand zurücklehne, die Augen schließe und – um Objektivität bemüht – in die Zukunft schaue, so ungefähr 50 Jahre weiter, sehe ich zwar noch Jagdteckel, aber in welchem Verein?

1988 feierte der Deutsche Teckelklub e.V. sein 100jähriges Jubiläum, ein Anlaß stolz zu sein. Ein Jubiläumsbuch wurde herausgebracht mit dem Titel ‚Ein Blick zurück'. „Halt Leute", hätten alle Teckel bellen und 26000 Führer schreien müssen, nicht zurück, nein, nach vorne sollt ihr schauen!

Selbstverständlich darf man stolz und froh sein, wenn man seinen 100sten Geburtstag feiert. Man kann und soll auch auf Erreichtem aufbauen und Traditionen pflegen, aber nur zurückschauen ist weniger als Stillstand. Vor über zwanzig Jahren schon forderte einer der größten Förderer des Jagdteckels, der unvergessene Hans Lux, in der Zucht des Teckels zweigleisig zu fahren: hier Gebrauchs-, dort Schönheitszucht. Er wurde nicht gehört, oder man hat ihn nicht ernst genommen.

Zur 100-Jahr-Feier, spätestens, haben viele Jäger auf ein Wort, eine Vision in dieser Richtung gewartet; sie wurden enttäuscht. Unzufriedene, man kann sie ruhig so nennen, spalteten sich vom mächtigen DTK ab und gründeten den Verein für Jagd-Teckel (VJT).

Dann, 1989/90, erfolgte die Wiedervereinigung. Für den DTK, für die Jagdteckelfreunde im DTK, die letzte, vielleicht wirklich die allerletzte Chance, die Weichen in Richtung Zukunft zu stellen: Vereinigung der beiden deutschen Teckelvereine, denn in den östlichen Bundesländern wurde viel mehr (ausschließlich) Gewicht gelegt auf jagdliche Brauchbarkeit und Wesen. Inzwischen ist klar, daß auch diese Chance vertan ist. Teile des alten DDR-Vereins gingen im DTK, andere im VJT auf.

Nun haben wir also zwei Teckelvereine (eigentlich drei, aber der Dackelclub Gergweis ist ausschließlich auf Schönheit fixiert), und der Jäger hat zu entscheiden, welchem Verein er sich zuwendet, denn beide sind dem Jagdgebrauchshundeverband angeschlossen. Dem aufmerksamen Leser wird nicht entgangen sein, daß beide Vereine mehr eint, sie also mehr Gemeinsamkeiten haben, als sie Trennendes entzweit. Doch der DTK verbietet Doppelmitgliedschaften.

Überall auf der Welt, insbesondere in Europa fallen Grenzen, Mauern und Schlagbäume. Müssen ausgerechnet Gleichgesinnte neue Gräben errichten? Das einzig Positive an zwei Vereinen ist die Konkurrenz. Wenn Doppelmitgliedschaften, das Richten, Züchten und Erfahrungen austauschen im jeweils anderen Verein erlaubt wäre, könnte man doch ob des ‚getrennten Marschierens und gemeinsamen Kämpfens' (... für den Jagdteckel) hoffnungsfroher in die Zukunft blicken.

Der Dachshund, als alter, manchmal eigensinniger Kämpe über und unter der Erde, da bin ich ganz sicher, wird als Jagdhund überleben. Ob wir aber, als Jäger, Hundeführer, Züchter und Verbandsverantwortliche immer alles im Sinne und zum Wohle unseres kleinen Waldgebrauchshundes machen, wird davon abhängen, inwieweit wir bereit und willens sind, mehr von den Caniden in bezug auf Sozial- und Rudelverhalten als über Rangordnung zu lernen. Gerade uns Jägern sollte dies nicht schwerfallen.

Wenn mein Buch auch in diesem Sinne als Anregung und Beitrag zur Problemlösung – vielleicht gar zur Ver-Einigung – verstanden wird, will ich zufrieden sein und wie ein gutes Nachsuchengespann mit Findewillen und Fährtensicherheit ...

... den Blick nach vorne richten.

Bad Berleburg-Berghausen, im Frühjahr 1993 Wolfram Martin

Literatur

ALDINGTON, E.: Von der Seele des Hundes. Weiden: Gollwitzer Verlag.
ALDINGTON, E.; SIEBER, I.: Hundezucht naturgemäß. Weiden: Gollwitzer Verlag.
ALDINGTON, E.; STOCKMANN, F.: Das Gangwerk des Hundes. Weiden: Gollwitzer Verlag.
BAIRACLI-LEVY, J.: Die Aufzucht junger Hunde. Rüschlikon-Zürich, Stuttgart, Wien: Albert Müller Verlag.
BANDEL, R.: Der Dachshund. Melsungen: Neumann-Neudamm.
BERGIEN, K.: Die gerechte Führung des Schweißhundes. Hamburg und Berlin: Paul Parey.
BRUMPREIKSZ, U. B.: Mein Dackel. Düsseldorf: Econ-Verlag.
Der Dachshund. Mitteilungen des DTK, insbesondere die Hefte 6/1983, 3/1986, 3/1990, 3/1991.
Deutscher Teckelklub e. V., Jubiläumsband 1988: Ein Blick zurück. (Alle Beiträge ohne Autorenangabe).
FRIESS, R.: Die Bodenjagd. München: BLV. (Vergriffen).
– Sünden rings um die Schweißarbeit. München: BLV.
HERRMANN, WULF: Der Dackel. Reihe Dein Hund. Hamburg u. Berlin: Paul Parey.
HESPELER, B.: Die Baujagd. Mainz: Verlag D. Hoffmann.
KAMPHAUSEN, E.: Der Dackel. Stuttgart: Kosmos.
KREWER, BERND: Jagdhunde in Deutschland. München: BLV.
LUX, H.: Der Jagdteckel. Hamburg und Berlin: Paul Parey.
– Vorstehhunde, Stöberhunde und Bracken auf der Schweißfährte. Hamburg und Berlin: Paul Parey.
MARTIN, W.: In: Der Dachshund 1978 u. 1979 ‚Pardon – ich bin ein Anfänger'; 2, 3, 4, 6, 7/8 u. 9/19981; 5/1982; 6/1983; 4, 5 u. 12/1985; 3/1986.
– In: Wild und Hund 17/1978, 8/1979, 5/1980, 9/1980, 16/1980, 6/1981, 11/1981, 1/1982, 22/1983, 22/1987.
Prüfungsordnung des DTK, Ausgabe 1/1992, sowie die aktuellen Zucht- und Eintragungsbestimmungen.
Prüfungs- und Zuchtordnung des VJT, Ausgabe 4/1991.
RÄBER, H.: Brevier neuzeitlicher Hundezucht. Bern: Verlag Paul Haupt.
SCHNEIDER-LEYER, E. E.: Mein Freund der Dachshund. Stuttgart: Eugen Ulmer.
SIVEKE, W.: Die Frühsterziehung der Vorstehhunde. Hamburg und Berlin: Paul Parey.
TRUMLER, E.: Der schwierige Hund. Mürlenbach: Kynos Verlag.
– Ein Hund wird geboren. München: R. Piper Verlag.
– Hunde ernst genommen. München: R. Piper Verlag.
– Mit dem Hund auf Du. München: R. Piper Verlag.

Anhang 1

Prüfungsordnung DTK und VJT

(Auszug)

Prüfungen des Deutschen Teckelklub e. V. (DTK) mit Prüfungsfächern und Leistungszeichen (Lz):

Spurlautprüfung (Lz: Sp)
Fächer: Nase, Spurlaut, Spurwille, Spursicherheit

Vielseitigkeitsprüfung (Lz: Vp)
Fächer: Spurlaut – Nase, Spurlaut, Spurwille, Spursicherheit
Stöbern – Benehmen beim Stöbern, Ausdauer bei der Suche
Schweißarbeit – Arbeitsweise auf der Rotfährte, Fährtensicherheit, Fährtenwille (Finderwille)
Abrichtefächer – Leinenführigkeit, Ablegen und Schußfestigkeit, Benehmen auf dem Stand beim Treiben

Baueignungsbewertung (Lz: BhFK)
Fächer: Verhalten am Raubwild, insbesondere Härte, Ausdauer, Passion, Laut

Schweißprüfung (Lz: SchwhK)
Fächer: Arbeitsweise auf der Rotfährte, Fährtensicherheit, Fährtenwille (Finderwille)

Schweißprüfung auf der 40-Stunden-Fährte (Lz: SchwhK/40)
Fächer: wie normale Schweißprüfung

Verbandsschweißprüfung (Lz: VSwP)
Fächer: gemäß Prüfungsordnung JGHV

Stöberprüfung (Lz: St)
Fächer: Benehmen beim Stöbern, Ausdauer bei der Suche, Finden, Führigkeit, Ablegen und Schußruhe, Benehmen auf dem Stand

Prüfung für Kleinteckel (Lz: KSchlH)
Fächer: Suche am Riemen, Freisuche, Arbeit am Bau

Prüfung am Naturbau auf Wildkaninchen (Lz: KSprN)
Fächer: Sprengen oder Würgen und Herausziehen, Finden, Ausdauer und Passion, Laut

Eignungsbewertung am Naturbau (Lz: BhFN, BhDN)

Schweißarbeit auf natürlicher Wundfährte (Lz: SchwhN)

Wassertest (Lz: WT)
Fächer: Wasserfreudigkeit, Bringen

Für alle Prüfungen ist der Nachweis der Schußfestigkeit Voraussetzung.
Die Spurlautprüfung ist Voraussetzung für Stöberprüfung und Baueignungsbewertung.

Prüfungen des Verein Jagd-Teckel e. V. (VJT) mit Prüfungsfächern und Leistungszeichen (Lz):

Spurlautprüfung (Lz: Spl)
Fächer: entfallen, da reine Spurlautfeststellung

Schweißprüfung (Lz: SwK)
auf künstlicher Fährte
Fächer: Arbeitsweise auf der Rotfährte, Fährtensicherheit, Finderwille (unter Verwendung des Fährtenschuhes)

Schweißprüfung (Lz: SwK/40)
auf künstlicher Fährte (40 Stunden)
Fächer: wie oben

Schweißprüfung auf natürlicher Wundfährte (Lz: SwN)

Gebrauchsprüfung (Lz: GP)
Fächer: Stöbern – Arbeitsweise, Ausdauer
Gehorsam – Leinenführigkeit, Ablegen, Benehmen auf dem Stand
Schweißarbeit – Arbeitsweise, Sicherheit, Fährtenwille
Haarwildschleppe – (Wahlfach) oder Wasserarbeit

Bauprüfung im Naturbau (Lz: BN)

Kaninchensprengerprüfung (Lz: Ksp)

Verbandsschweißprüfung (Lz: Sw/I u. Sw/II)
Fächer: gemäß Prüfungsordnung JGHV, 20 oder 40 Stunden

Die Schußfestigkeitsprüfung ist unmittelbar vor der ersten Prüfung bzw. vor der Formwertankörung eines Teckels abzulegen.

Anhang 2

Wichtige Anschriften

Deutscher Teckelklub e. V. (DTK)
– Geschäftsstelle –
Prinzenstraße 38
Postfach 100362 (neue PF-Leitzahl: 47003)*
W-4100 Duisburg 1 (neue PLZ: 47058)
Telefon 0203/330005

Deutscher Teckelklub e. V. Registrierstelle
– Nachsuchen- u. Bodenjagd-Statistik –
Kurt Eßfeld
Am Wernshagen 70
W-5870 Hemer (neue PLZ: 58675)
Telefon 02372/10767

Jagdgebrauchshundeverband e. V. (JGHV)
– Geschäftsstelle –
Dr. Lutz Frank
Neue Siedlung 6
O-7961 Drahnsdorf (neue PLZ: 15938)
Telefon 0354 53/215
neue Bundesländer: 09587 93/215

Verband für das Deutsche Hundewesen (VDH)
Westfalendamm 174
W-4600 Dortmund 1 (neue PLZ: 44141)

Verein für Jagdteckel (VJT)
– Vorsitzender –
Gorch-Peter Nolte
Müdichstraße 35
W-6707 Schifferstadt (neue PLZ: 67105)

* Zum Zeitpunkt der Drucklegung konnte die Deutsche Bundespost leider noch nicht dafür garantieren, daß die neuen Postleitzahlen endgültig sind. Wir müssen deshalb unsere Leser bitten, diese ggf. zu überprüfen.

Sachregister

Heinz Weidt
Der Hund
mit dem wir leben:
Verhalten
und Wesen
Paul Parey